故宫博物院博士后文库

王旭东　赵国英 / 主编

徐华烽 / 著

故宫的古窑址调查研究（1949～1999）

文物出版社

图书在版编目（CIP）数据

故宫的古窑址调查研究：1949～1999／徐华烽著
. —北京：文物出版社，2022.10
（故宫博物院博士后文库／王旭东，赵国英主编）
ISBN 978 - 7 - 5010 - 7329 - 0

Ⅰ．①故… Ⅱ．①徐… Ⅲ．①窑址（考古）—调查研究
—中国—明清时代 Ⅳ．①K878.54

中国版本图书馆 CIP 数据核字（2021）第 264934 号

故宫的古窑址调查研究（1949～1999）

丛书主编：王旭东　赵国英
著　　者：徐华烽

责任编辑：智　朴
封面设计：特木热
责任印制：张道奇

出版发行：文物出版社
社　　址：北京市东直门内北小街 2 号楼
邮　　编：100007
网　　址：http：//www.wenwu.com
经　　销：新华书店
印　　刷：宝蕾元仁浩（天津）印刷有限公司
开　　本：710mm×1000mm　1/16
印　　张：11.25
版　　次：2022 年 10 月第 1 版
印　　次：2022 年 10 月第 1 次印刷
书　　号：ISBN 978 - 7 - 5010 - 7329 - 0
定　　价：80.00 元

《故宫博物院博士后文库》第一辑

作者名录

进站时间	合作导师	博士后
2014 年	朱诚如	多丽梅
	李 季	徐华烽
	宋纪蓉	张 蕊
2015 年	朱诚如	张剑虹
	王连起　赵国英	段 莹
	单霁翔	徐 斌
	张 荣	刘净贤
	王跃工　孙 萍	张 帆
2016 年	蒋 威	李艳梅
	陈连营	王敬雅
2017 年	朱赛虹	王文欣

《故宫博物院博士后文库》 总序

2013 年 8 月，故宫博物院正式设立博士后科研工作站，成为我国首批文博机构博士后工作站。截至 2021 年底，已有博士后合作导师 40 人，累计招收博士后 65 人，已出站 26 人，在站 39 人。博士后合作导师主要为院内专家，长期从事与故宫有关的考古学、古书画、古陶瓷、古籍档案、出土墓志、甲骨文、古建筑保护、馆藏文物保护、明清宫廷史、藏传佛教美术、宫廷戏曲、明清工艺美术、故宫博物院史等多个领域的研究，也涉及我国文博领域相关学术问题的探索。博士后工作站的建立，一方面为故宫博物院高端学术人才培养和引进搭建了平台，另一方面也促进文博业务人员深入学科前沿开展创新性研究，为今后文博系统科研人才的培养提供可借鉴案例。2020 年，故宫博物院博士后工作站荣获全国优秀博士后工作站称号。

故宫博物院的博士后来自海内外不同高校，在站期间与导师合作开展研究，取得可喜成绩。累计发表各类期刊论文、会议论文 190 余篇，出版著作 26 部；参与各类科研项目 80 余项，其中国家社科基金和自然科学基金 11 项。在站期间，通过与合作导师共同进行科研工作，与故宫的专家进行学术交流与思想碰撞，不但丰富了个人的学术研究经验，而且为故宫的学术发展带来了创新与活力。为展示故宫博物院博士后工作站成立以来的学术成果，推进"学术故宫"建设，院里决定出版《故宫博物院博士后文库》丛书。

此次出版的丛书第一辑是故宫博物院博士后科研工作站的首批学术成果。本辑共 11 种，均是在博士后出站报告基础上修改完成的学术著作，大体可分为四类。一是围绕文物和艺术史的研究，包括段莹《周密与宋元易代之际的书画鉴藏》、李艳梅《故宫博物院藏〈秋郊饮马图〉的研究》、王敬雅《绘画中的乾隆宫廷》、张蕊《唐卡预防性保护研究初探》等。二是故宫宫廷历史文化研究，包括张帆《明代宫廷祭祀与演剧》、张剑虹《康乾时期物质文化遗产法律保护研究》、刘净贤《清代嘉庆、道光、咸丰三朝如意馆研究》、王文欣《〈御定历代题画诗类〉研究》、多丽梅《清代中俄宫廷物质文化交流研究》。三是故宫的建筑研究，为徐斌《元大内规划复原研究》。四是故宫相关领域的学术史研究，为徐华烽《故宫的古窑址调查研究（1949～1999）》。

故宫博物院 23 万余平方米的明清建筑和 186 万余件文物具有丰富的历史价值、审美价值、文化价值、科学价值和时代价值，不论在人类文明发展史上，还是在中国当代社会主义文化建设中，都有不可替代的重要作用。从 1925 年成立以来，故宫博物院一直以学术立命。建院之初，故宫博物院就明确提出"多延揽学者专家，为学术公开张本"和"学术之发展，当与北平各文化机关协力进行"的理念。党的十八大以来，故宫博物院以习近平新时代中国特色社会主义思想为指导，深入落实"保护为主、抢救第一、合理利用、加强管理"的文物工作方针，切实履行文化使命，真实完整地保护并负责任地传承弘扬故宫承载的中华优秀传统文化，提出以平安故宫、学术故宫、数字故宫、活力故宫为核心内容的"四个故宫"建设和覆盖各方面事业发展的九大体系，明确了新时期办院指导思想，推动博物馆事业的高质量发展，努力将故宫博物院建成国际一流博物馆、世界文化遗产保护的典范、文化和旅游融合的引领者、文明交流互鉴的中华文化会客厅。

习近平总书记强调，"一个博物院就是一所大学校。要把凝结着中华民族传统文化的文物保护好、管理好，同时加强研究和利用，让历史说话，让文物说话，在传承祖先的成就和光荣、增强民族自尊和自信的同时，谨记历史的挫折和教训，以少走弯路、更好前进。"学术研究工作是文化遗产保护和博物馆事业可持续发展的重要支撑和强大驱动。丰硕的学术研究成果是以时代精神激活中华优秀传统文化生命力的基石。故宫博士后科研工作站广大合作导师和博士后认真学习、深入领会、切实贯彻习近平总书记关于文化文物和文化遗产保护的重要论述和指示精神，站在中华文明的高度审视与研究故宫，按照故宫博物院发展规划的目标开展研究工作，全面深入挖掘故宫古建筑群和馆藏文物蕴含的人文精神和多元价值，进一步推动故宫学术科研体系建设与完善，充分发挥好文化传承创新与智库作用，努力成为我国文博领域学术研究的重要力量。博士后研究报告要立足重大问题、前沿课题和关键难题，要以扎实的研究根基和丰厚的学术成果，为故宫博物院肩负的历史使命提供学术支撑。

我们期待故宫博物院博士后工作站不断推出新成果，《故宫博物院博士后文库》也将继续分辑出版，使之成为展示故宫学术成果的一个新平台，在新时代书写故宫学术新篇章。

感谢一汽红旗集团对故宫学术的支持，资助出版该辑文库；感谢文物出版社和文库编辑委员会同志的辛勤工作。

是为序。

王旭东

2022 年 7 月

序

　　我认识徐华烽是在 2014 年，他当年从北京大学考古学博士毕业，报名故宫博物院的博士后，后来顺利通过相关程序，成为我作为合作导师在故宫的第一个考古学博士后，研究方向是宫廷与陶瓷考古研究。他在北京大学博士阶段研究方向是陶瓷考古，硕士阶段在景德镇陶瓷大学的研究方向是古陶瓷研究与鉴定，先后参加过钧窑、定窑、景德镇窑的考古调查与发掘，多次赴东非肯尼亚承担中国外销瓷调研项目。博士后一进站，徐华烽就投入了成立不久的故宫考古研究所承担的院内考古发掘工作，他从早到晚坚守在工地，从南三所到南大库，从慈宁宫到隆宗门，测绘、布方、发掘、绘图、拍照，甚至探方的最后回填，每一个环节都是一丝不苟、亲自动手。在故宫古建筑群范围内开展抢救性考古发掘，是一项颇具挑战性的工作，他常常为了记录施工中发现的重要遗迹来回奔波、栉风沐雨，也终于获得新发现。其中在隆宗门广场遗址首次发现故宫元明清"三叠层"，除了他精细的田野发掘能力之外，更得益对地层出土金元时期定窑、磁州窑瓷器标本的熟稔。博士后在站两年期间必须要完成为博士后研究报告，我也在想徐华烽能做什么样的题目呢？如果以故宫考古发现的慈宁宫明早期宫殿建筑遗址或者隆宗门遗址发现的元大内建筑遗址为研究对象，资料的新颖性和学术价值是毫无疑问的，但田野考古工作和出土资料的室内整理存在着无法预知性和不确定性，仅从时间上就远远不够，很可能会影响按期出站。经过和我商量沟通，他打算梳理新中国成立以来故宫博物院在全国范围内开展的古陶瓷窑址调查的学术史。鉴于他的经历和基础，我相信他有这个能力完成这个题目。此后两年他在从事田野发掘之余，全面搜集资料，按部就班的展开写作，按时顺利完成博士后报告并通过答辩。2017 年以后徐华烽留在故宫研究室从事专门研究，又对报告涉及的问题和内容进行修改并增加窑址标本的图片，这就是今天摆在我们面前的《故宫的古窑址调查研究（1949～1999）》。

中国陶瓷具有长达万年连续不断的历史，是世界上独一无二的文化载体。它的发展过程蕴藏着丰富的科学技术和艺术内涵。从陶瓷诞生的那天起，它就是技术和艺术相结合的产物。各异的造型和功能，多变的釉色和装饰，缤纷的彩绘和不断改进的工艺，这些人类利用水、火的作用而将泥土转变成的陶瓷器上充分表现出先民们将技术和艺术相结合的创造力和魅力。瓷器作为我国古代手工业生产的重要产品，在各个阶层的生活中具有重要地位，并且沿着陆上、海上商路传播到亚欧及非洲各地，成为一种重要的贸易商品。

1949 年新中国成立，以明清紫禁城和清宫旧藏为基础建立的故宫博物院迎来了新生。为了发挥文物展览的文化教育作用，办好科学准确、连续生动的中国陶瓷展览，馆藏陶瓷器的研究是故宫工作的重点，从 20 世纪 50 年代开始故宫就确立了古陶瓷研究的基本方针，并制定了长远规划，即陶瓷研究工作分宋代以前与明清瓷器两大阶段，既有分工又有合作，同时进行。宋代以前的瓷器研究以我国著名学者、陶瓷专家陈万里（1892～1969 年）为首组成调查组，对全国各地的古代陶瓷窑址进行调查，以解决宋代以前瓷器的窑口即产地问题。明清瓷器的研究则以著名瓷器鉴定专家孙瀛洲（1893～1966 年）为带头人组成鉴定组，对库藏 30 余万件瓷器，特别是清宫旧藏的明清瓷器进行断代研究，以解决明清瓷器的科学鉴定问题。根据以上方针规划，故宫几代陶瓷工作者不畏艰辛，深入各地古瓷窑址进行调查，涉及全国 17 个省的 140 余个窑口，200 多处窑址，采集约 3 万多片标本。迄今仍属国内持续时间最长、跨越范围最广的陶瓷窑址调查活动。

故宫博物院 20 世纪 50 年代所做的窑址调查工作，学术水平高，发表资料及时，在全国产生了较大影响，具有引领作用。20 世纪 60～70 年代，对古代窑址的考古调查已在全国普遍得到开展，故宫博物院依然持续开展了有较强学术目标、覆盖全国的窑址调查，通常是根据文献记载寻找相关窑址，有时则为寻找某些早期重要出土品的产地，也有时是为了填补某些地区窑址调查的空白。到 20 世纪 80 年代中国硅酸盐学会主编《中国陶瓷史》出版前后，从窑址调查中成长起来的故宫学者冯先铭、叶喆民、李辉柄、李知宴等已经成为那个时代中国古陶瓷研究的翘楚。他们借助各地古窑址调查，采集标本、确定窑口，校阅文献和其他考古资料特别是纪年墓葬出土瓷器，建立窑口与年代标准器序列，开创了一条系统的陶瓷史研究之路。

此前，我们通过阶段性窑址调查报告和总结资料以及《故宫博物院藏中国古代窑址标本》系列丛书，也可以参观故宫延禧宫的古陶瓷标本展，了解故宫学者的研究成果和采集标本，但对这些成果背后的来龙去脉并不十分清楚，对这批知名陶瓷学者的成长历程知之甚少。徐华烽的这本书基于 20 世纪下半叶故宫开展窑址调查的历史背景和学术渊源，分为三个分期对陈万里、冯先铭、叶喆民、李辉柄、李知宴等学者奔赴各地调查窑址的理念、方法、手段、成果等进行总结叙述，在中国考古学及博物馆学历史的背景下讨论窑址调查作为学术活动的特点及其先进性和局限性，揭示一段行将远逝的中国古陶瓷学术史和故宫博物院院史。这本书有以下几个特点：

一是视野开阔。把 20 世纪下半叶故宫的窑址调查作为重要的学术活动和社会实践来总结，将故宫学者作为一代代传承的学术梯队，并且将学术活动和学术成果看作新中国成立后五十年中国考古学发展和田野考古工作的一部分，看作中国陶瓷史研究以及陶瓷考古学科发展的一部分进行总结回顾与客观分析，这是难得的学术发现。

二是深度挖掘。在充分利用发表的资料基础上，搜集未发表的档案资料、日记资料，努力追踪窑址调查的艰辛、生动、曲折经历，尽可能地回溯学术活动的背景、运作、过程，让我们从一个侧面看到个人和团体学术成果形成背后的内部动力和影响因素。这是一般学术史总结难以关注的问题，对我们后来者从事类似的工作有很强的参考借鉴价值。

三是思辨与求索精神。包括学术在内的人类活动，总是有其时代局限性，总结历史是为了与时俱进，走好今后的路。通过讨论 20 世纪下半叶以来陶瓷考古与陶瓷鉴定两种学术道路的差异，在总结与反思的基础上，提出了对故宫古陶瓷考古与研究未来方向的看法。

这本书告诉我们，中国陶瓷考古的学术进步、学科发展离不开田野考古调查，陶瓷研究服务于挖掘文化遗产、增强文化自信离不开建设中国特色、中国风格、中国气派的考古学。过去如此，今天同样如此。作为导师，我深知华烽为人谦逊。也看到了这本书的缺点和不足，如对古窑址调查局限性的认识，某些学术事件勾连的真实性，都有待于商榷和完善。相信一切学理性的批评，都有助于华烽本人和相关研究的不断提升。

　　历经 600 年风云变幻的紫禁城，即将走过 100 年筚路蓝缕的故宫博物院，贡献给世界的是无以伦比的古建筑群和馆藏文物，贡献给人民的是源远流长的中华优秀传统文化和文化记忆。讲好陶瓷故事是讲好中国故事、故宫故事的内容之一，这本故宫的古窑址调查研究新书为讲好故宫陶瓷故事提供了新素材。期待年轻一代的故宫陶瓷学者，在新时代中国特色社会主义道路上取得更大进步和丰硕成果。

2021 年 11 月 12 日

目 录

绪　论

　　陶瓷是中国贡献给世界的珍贵文化遗产之一。从古代文献对陶瓷器物的记载、描述，至现代以来将陶瓷作为手工业生产品种的一项内容开展研究，进而书写完整的中国陶瓷发展史，以揭示陶瓷手工业生产面貌为使命的陶瓷考古工作发挥了重要作用。20世纪以来，随着现代考古学传入中国，一批学者将考古学的理念与方法运用于古代陶瓷窑址和墓葬、居住等遗迹出土陶瓷的调查、发掘和研究之中，使古陶瓷研究从金石学、器物学范畴拓展到考古学的研究对象。20世纪末期，陶瓷考古学得以添列中国考古学名下，成为一门别具特色、富有魅力的学科。根据学术史的特点，对中国陶瓷考古学进行宏观的、总体的或阶段、专门的总结，无疑有益于刚刚起步的陶瓷考古学的进一步发展与完善。现代以来中国古陶瓷研究形成的学术源流，陶瓷考古与陶瓷考古学的联系与区别，陶瓷考古与陶瓷史的关系与界线，无疑是总结故宫博物院（本文指北京故宫博物院，如非特指以下简称故宫）的窑址调查工作作为学术活动对中国陶瓷考古的贡献及其地位所应分析的问题。

一　中国古陶瓷研究的学术源流

　　中国是世界上最古老的文明中心之一，陶瓷的发明是中国古代对世界文明非常重要的一个贡献。我们常说的“陶瓷”是陶器和瓷器的统称。所谓陶器是指人类用陶土做成所设计的形状、一般经过 700～800℃ 的温度焙烧而成的物品；瓷器则是人类用瓷土（含瓷石）做成所设计的形状、表面施钙系釉、经 1200℃ 以上高温焙烧而成的物品①。中国陶瓷生产历史悠久，至迟在距今 12000 年时就出现了陶器，是世

---

① 权奎山、孟元召：《古代陶瓷》之《前言》，北京：文物出版社，第 2～4 页。

界上最早烧造和使用陶器的国家之一；瓷器则是中国的伟大发明，早在距今3600～3100年的商代就能烧造瓷器。中国瓷器手工业自商代至清代的3500余年从未间断，并一直处于不断提高的发展势头，无论是唐代的"南青北白"，所谓宋代"五大名窑"，还是明清景德镇"瓷都"丰富多彩的产品，瓷器在人们的生活中发挥了巨大作用。

陶瓷作为科学技术与文化艺术结合的产物，充分体现了古代劳动人民的聪明才智。中国陶瓷的发明不仅使先民们自身的生活质量得到了改善，也使新的生活方式和意识形态融入各地的生活与文化中。瓷器在使用功能和外观上有诸多优于陶器、金属器和漆木器的长处，因此成为人们日常生活中不可或缺的用品，也是重要的美术品。随着中国瓷器及其技术在世界各国的传播，中国亦博得了"瓷国"的美称。中国古代瓷器的产生和发展，不仅使中国人民改善了生活方式，也给世界带去了文明的生活方式，而这种影响力，正是通过典型瓷器生产技术的对外传播和交流实现的。中国古代瓷器的对外传播给当地带去了文明的饮食方式和美的享受[1]。因此，中国古代制瓷业的突出成就，不仅极大地推动了中国文明的发展，同时对世界文明发展做出了巨大贡献并产生了深远影响，绝不逊于我们引以为自豪的四大发明。

陶瓷蕴含着丰富的科技、历史、艺术价值，一直受到古今学者关注。我国对陶瓷的记录与研究，可以上溯到瓷器产生不久，或载录于正史，或见著于笔记文集，且相沿不断，内容涉及食货、艺文、百工和鉴藏等诸方面。从先秦开始出现对古陶器的记载，直至宋元以来随着金石学兴起，文人鉴赏陶瓷的文献记载渐多，延至明清时期陶瓷专书蔚然成风，属于早期文献记载阶段。这是中国古陶瓷研究学术体系的历史渊源和文化基础，有关此方面详细情况，一批资料、著作与论文都进行过整理、研究、总结[2]，我们不再展开。需要指出的是，中国古代陶瓷文献的记载从明代后期开始出现清玩类著作，多是从收藏、欣赏的角度来记载陶瓷，而很少关注瓷器作为一种手工业产品的生产过程和使用功能。与现代陶瓷考古把瓷器作为手工业产

① 　唐杏黄、苏垂昌：《中国古代瓷器在国外社会上层中的使用和影响》，《景德镇陶瓷》1983年（总第21期），第132～136页。

② 　古代陶瓷文献资料汇编主要有：冯先铭编著：《中国古陶瓷文献集释（上册）》，台北：艺术家出版社，2000年；熊寥、熊微编著：《中国陶瓷古籍集成》，上海：上海文化出版社，2007年。

品，对当时的社会经济、生活，甚至历史背景开展研究的目的有一定差距。这个差距从 20 世纪开始得以逐步改变。在这个过程当中，中国古陶瓷研究受西方现代科学的影响，不断突破旧的金石学、器物学传统，形成了陶瓷文献、陶瓷考古、陶瓷鉴定、陶瓷科技、陶瓷艺术及外销瓷研究等较为丰富的研究面貌。有学者借用艺术流派的概念将 20 世纪中国古陶瓷研究的成果与研究方法归为六大流派①。我们认为，学术研究流派其实是研究方法不同形成的既相对独立又互相联系的学术方向。所谓现代以来的陶瓷文献、陶瓷考古、陶瓷鉴定、陶瓷科技、陶瓷艺术及外销瓷研究流派，本质上是以中国古代陶瓷手工业产品为主要研究对象，分别以文献、考古、文物鉴定、科技分析、艺术风格、贸易传播等不同研究方法或视角开展研究形成的不同学术方向，这些学术方向从思想、理念、方法、成果等方面来看，目前还处于不断形成、发展的过程，说是多个研究方向初步构建的学术体系更为客观。

　　20 世纪中国古陶瓷研究学术方向是借鉴现代西方和中国文化发展的成果，各辟蹊径，从不同的角度阐发中国陶瓷的发展规律，推动了中国陶瓷史研究更为清晰地显示出它的本质特征。综观现代中国古陶瓷研究的历程，有两方面工作影响深远。一是 20 世纪 20 ~ 40 年代陈万里等走出书斋，对古代陶瓷生产的窑址进行考古调查，开拓了一条陶瓷考古的新路子。二是 20 世纪 30 年代初，周仁创办陶瓷实验场，聘请名家能手，对中国传统陶瓷工艺技术开展研究，开辟了古代陶瓷研究的新领域②。就对整个古陶瓷研究体系的形成来说，陶瓷考古处于基础地位，直接影响着陶瓷文献、陶瓷鉴定、陶瓷科技等其他学术体系的方向与成果。只有随着考古学的科学理念及地层学、类型学方法，运用于陶瓷器本身及其出土、运输、使用地等资料的发现与研究，古陶瓷的年代学、产地、功能问题研究才建立在可靠的基础之上，文献记载因此得以获得实物的证据，依靠师徒相传的鉴定经验有可能得以依靠窑址出土物、纪年墓葬品等更多的证据链上升为理性总结。陶瓷科技检测的标本来源于窑址采集或遗址出土，经过考古地层学、类型学研究才有条件提供出土陶瓷器物的相对年代

① 杨静荣：《当代陶瓷史研究的回顾与展望（一）（二）（三）》，该文最早见于 2006 年 06 月 21 日天天中国文化网；后收入陈帆主编《中国陶瓷百年（1911 ~ 2011）》，北京：化学工业出版社，2014 年，第 88 ~ 98 页。

② 权奎山、孟原召：《古代陶瓷》，第 7 ~ 9 页。

和绝对年代，也必然为标本的产地区分、胎釉分析、烧成温度实验提供可靠的时间与空间坐标。陶瓷艺术研究和外销瓷研究如果离开了陶瓷生产、流布的时代、地域等重要因素，其研究也是雾里看花，水中望月般的模糊学问。科学考古与科学实验使陶瓷史的研究完全建立在科学的基础上，使中国古陶瓷研究的整体面貌发生了根本改观。

　　总之，考古学和古陶瓷研究的结合显示出一系列窑场陶瓷产品在时间上的发展顺序和空间上的区域流布状况，科技检测和陶瓷研究的结合可以揭露一件器物从瓷土转化成产品或艺术品的物理化学变化原理，进而宏观上洞察中国陶瓷数千年发展的技术进步和工艺发展路线，这是中国古陶瓷研究面貌在 20 世纪发生变化的主要推动力量。鉴于研究主题所限，我们主要关注陶瓷考古的相关问题。

二　关于陶瓷考古的一般问题

　　陶瓷考古的渊源始于对瓷器的记载、研究。这应该上溯到陶器产生以后、直至成熟瓷器出现，因为瓷器不仅具有优越的实用功能，与陶器相比更为清洁优美、与金属器相比更为物美价廉等优点对于改善古代人民群众的生活起到重要作用。同时瓷器又具备可塑性，可以制作丰富多样的生活器皿，釉中不同金属元素经高温烧成后呈现不同的颜色，在器表可以进行刻、划、印、绘画等各种装饰。因此，达到了实用性、经济性、艺术性要求的瓷器，不仅是实用品，而且是收藏品和陈设艺术品。

（一）陶瓷考古与陶瓷考古学

　　陶瓷考古，即现代考古学方法应用于古陶瓷研究的活动，产生于 20 世纪前半叶，发展于 20 世纪 50～70 年代，成熟于 20 世纪 80 年代之后，20 世纪 90 年代陶瓷考古作为中国考古学的一个专门方向，被国家教育部设定为中国考古学下的三级学科。我们认为，陶瓷考古作为中国考古学中颇具特色的专门研究方向，是用考古学的方法，利用陶瓷生产、使用和行销过程中遗留下来的遗迹、遗物，力图在广阔的社会背景下，对陶瓷器生产的时代特征和演变、技术的创新与传播、艺术特点的流变、使用功能和社会生活变化的关系、瓷器的贸易等问题进行研究。陶瓷考古特别注重其生产的过程和组织形式，即怎么生产、用什么资料生产以及生产中形成的人际关系和管理模式，将其作为一个经济过程，以复原研究中国古代社会经济发展的状况、意识形态的变化、生活方式的演进等历史问题。今天的陶瓷考古基于开展了系统的田野考古工作，其研究成果与经济史、社会生活史、工艺史、交通史和对外关系史等研究密切相关，为这些领域的深入研究提供了重要资料，其学术研究价值的重要性不断凸显。此外，人民群众的喜爱也使陶瓷考古受到广泛的社会关注[①]。

人们对陶瓷考古本身的认识也经历了一个不断发展的过程。20 世纪 80 年代初期，有学者认识到，陶瓷考古学是考古学的一个部门，是通过古代陶瓷的实物资料来研究陶器和瓷器起源和发展的历史的科学。它研究的对象是人类历史发展过程的陶土制品和高岭土制品的所有实物，包括生活中实用的器皿和运用在建筑、陈设，祭祀、宗教和供贵族们精神享受的各种用品，即凡是用黏土制作的一切制品都是它研究对象，但以生活用品和艺术品为主。陶瓷考古学只研究古代部分，即旧石器时代结束进入新石器时代开始，直到 1911 年清政府被推翻为止（现代部分归硅酸盐科学和现代陶瓷美术学研究）。研究手段是用考古学的科学方法系统地调查、发掘古代生产陶瓷的窑址，古代墓葬和古代聚落遗址得到系统的实物资料，寻找其各时代各地区陶瓷发展的特点，结合博物馆的珍藏、社会上个人收藏品、国外收藏品，系统地总结出陶瓷发展全过程的历史，用现代科学手段来分析各个时代各地区陶瓷发展的制作工艺和技术水平。需要着重说明的是，通过考古调查和发掘得到的资料是研究的第一手资料，博物馆的珍藏是第二手资料，社会流散的陶瓷文物是第三手资料。陶瓷考古学是考古学的一部分，是因为考古学研究的范围更广泛，它的内容的一个部分就有陶瓷。但考古学没有陶瓷考古学对陶瓷研究那么深入、系统、专门。陶瓷考古学要运用考古学的科学方法和研究程序，例如用考古发掘的层位学，研究器物排队的标型学来探索器物发展的规律和编年，但它还有一些方法超出了考古学范围，例如化学分析、物理测试和现代工艺分析，所以在学术体系上它能自成一个体系，但与考古学密不可分[②]。

---

① 《陶瓷考古通讯》编委会《发刊辞》，秦大树主编：《陶瓷考古通讯》（内部资料）2013 年总第 1 期，2013 年 4 月。
② 李知宴：《中国陶瓷发展简史》，中国历史博物馆印（内部资料），1981 年 10 月，第 1~3 页。

今天我们还应该认识到，陶瓷考古不是中国传统的学科内容，而是现代考古学的主要门类之一，其目的是利用考古学的理论方法通过对古代窑址的研究，充分认识到窑址自身所体现的规律性，进而了解窑场的生产历史、背景及其在当时社会经济中的地位①。陶瓷考古学作为中国考古学的专门方向，一方面因研究对象陶瓷属于工艺美术品的范畴，陶瓷考古可视为美术考古的一个分支。另一方面，陶瓷生产在中国古代又是属于包括煤炭开采、金属矿开采冶炼、麻丝制品加工纺织、造纸、酿酒等手工业生产的重要门类，陶瓷考古又是手工业考古的重要内容。陶瓷考古学作为学科的确立是基于陶瓷考古作为一项学术研究活动在学科目的、方向、方法、体系、内容等方面不断明确进而逐步走向成熟的标志。实际上到现在为止，这个学科还处于初创，或者是发展的初期阶段。就研究活动与学科的关系来看，研究活动发展到一定程度才有可能设立以其为研究对象的学科，学科的设立也必然促进相关研究活动沿着科学的方向发展。陶瓷考古学的目标是研究陶瓷器生产的时代特征、工艺技术的发展、艺术特点的流变、陶瓷器使用功能的发展和社会生活变化的关系，把陶瓷作为一种手工业品来研究，复原中国古代社会经济发展的状况和生活方式演进这些历史问题。从 20 世纪中国古陶瓷研究的不同方向及其演变历程可以看出，对中国古代陶瓷研究可以从欣赏角度、收藏角度、美术史角度、科技史角度来开展。作为陶瓷考古学科，微观上关注的是陶瓷产品，宏观上关注的是作为陶瓷手工业生产及其产品的流通、使用过程所承载的历史信息。

（二）陶瓷考古与陶瓷史研究

中国陶瓷是我国古代灿烂文化的重要组成部分，也是人类物质文化史上一个重要的研究对象。以有限的传世品和不多的晚期资料进行研究，已经难以对古代陶瓷的发展规律、生产面貌做出科学、合理的总结，更不用说对我国上万年浩如烟海的陶瓷历史进行梳理和总结。因此，早在清代乾隆年间的朱琰就对中国陶瓷发展史做过总结，写成了《陶说》一书。然而由于古代文献中对陶瓷手工业及其产品的记载很少，清代以前几乎没有专著，明代以前的记录大多简略零散；再加上古代陶瓷器流传下来的实物资料不多，且集中于明清时期。民国时期的辛安潮等编著《中国陶

---

① 王光尧：《关于陶瓷考古的几个问题——代〈南方文物〉"土与火的艺术"专栏主持辞》，《南方文物》2008 年第 1 期。

瓷史》也没有脱离旧的陶瓷史的传统，被批评为变相的类书。资料的严重缺乏，很难写成一部全面、系统的陶瓷史，也很难开展深入的研究①。

只有将陶瓷器物的研究拓展为陶瓷手工业研究的视野，陶瓷史的研究才会获得坚实的起步和科学的资料。20 世纪 20 年代陈万里等古陶瓷研究者觉察到了这个问题，他最早从 1928 年开始对浙江龙泉的古代瓷窑遗址进行考古调查，旨在获取新的丰富的研究资料，开启了古陶瓷研究的新纪元，为书写陶瓷发展史探索出一条明确的道路。陈万里从浙江一个区域陶瓷的总结入手汇成《瓷器与浙江》，再到对中国陶瓷重要门类的青瓷进行梳理完成《中国青瓷史略》，以致毕生追求书写中国陶瓷史的理想。

20 世纪以来，经过几代学者的陶瓷考古调查和考古发掘实践，陶瓷考古发现与陶瓷手工业研究取得的丰富成果，为中国陶瓷史的撰写奠定了基础。首先是大体搞清楚了古代陶瓷窑址尤其是瓷窑址的分布状况和各地区、各时期陶瓷手工业的生产面貌；其次是掌握了各地区、各陶瓷窑生产传统、各时期陶瓷器的基本特点、制作工艺等，大体可以复原出古代陶瓷手工业发展的基本情况；其三是重视窑址作为陶瓷生产地的同时，关注城市居住地、窖藏、寺庙、墓葬等遗址作为陶瓷使用地和市镇、河道、码头、港口、沉船等陶瓷运输线的出土陶瓷状况，初步勾勒出陶瓷生产、传播、运输、使用等环节的链接状况。这些考古发现与研究成果，基本建立起中国陶瓷史的框架，为撰写全面、系统的中国陶瓷史奠定了坚实基础，同时也为深入开展古代陶瓷的文献研究、科技研究、艺术研究、外销研究提供了丰富的资料和科学的借鉴。1982 年中国硅酸盐学会编写的《中国陶瓷史》，1989 年叶喆民编著的《中国陶瓷史纲要》等都是以上背景下陶瓷史研究的初步成果。

但也必须看到，目前陶瓷考古的发现和陶瓷手工业研究的成果只是一个大的阶段性成果。考古学方法是古陶瓷研究的重要手段，但不是唯一手段，陶瓷研究文理交叉渗透，多学科综合的特点十分突出。陶瓷考古资料只是对作为物质文化、精神文化乃至制度文化载体的古代陶瓷品进行研究的其中一项资料，我们必须认识到陶瓷考古自身的局限性和陶瓷考古学发展的长期性，才能在深入挖掘中国古陶瓷文化

---

① 权奎山、孟原召：《古代陶瓷》之十《结束语》，第 261~262 页。

遗产内涵的道路上走得更远更扎实。这也是本文以 1949～1999 年故宫博物院开展陶瓷窑址调查工作的历史进行梳理和总结的根本目的。

（三）陶瓷考古与陶瓷史研究的分期

关于陶瓷研究学术史的分期，1996 年李辉柄认为，在近代瓷学研究史上，可划分两个阶段，一为文献考据阶段，一为考古调查发掘阶段①。2006 年，李辉柄进一步提出，20 世纪 50 年代以前，主要以文献为基础进行研究，即所谓"书斋考古"，把它划归为"文献考证"阶段；自 1928 年夏，陈万里"八去龙泉，七访绍兴"，把我国的瓷学研究推进到了一个新阶段，即"考古调查发掘阶段"，并认为陈万里撰写的《瓷器与浙江》是这一阶段的重要代表作，是传统的第一阶段"书斋考古"走向第二阶段的古瓷遗址考古的里程碑。当前我国的瓷器领域已在前两个阶段的基础上，进入到综合性研究的新阶段。故宫古陶瓷研究中心的成立，是这一新阶段的一个重要标志②。李辉柄没有明确指出前两个阶段的一个时间点，《瓷器与浙江》首次出版于 1941 年，似乎更倾向于把 1941 作为考古调查发掘阶段的开始。故宫古陶瓷研究中心成立于 2005 年，其意应该指此时为考古调查发掘阶段与综合性研究的时间接点。此处李辉柄所指瓷学研究，即中国陶瓷史学的分期，并不等同于陶瓷考古学术史的分期。

2000 年刘毅将中国陶瓷史研究以研究方法分为三个阶段。第一阶段，唐至清。古陶瓷的研究方法与一般金石学相同，即偏重于器物著录和文献考订。第二阶段，从清朝晚期至民国初年。金石学的研究方法依然对古陶瓷有影响，形成了一种有人称之为"口眼之学"的鉴定方法。第三阶段，1920 年至今。特点是科学研究方法，包括近代考古学和自然科学两种方法的引入和不断完善③。以方法论对学术史分期，有助于在总结古陶瓷科学研究成果的同时，发现其不足，启发未来的研究在新的研究方法上的探索和新的研究领域的开拓。

2006 年杨静荣提出，自 1949 年起至 2006 年当代陶瓷史的研究可以划分为两个

---

①　《陈万里陶瓷考古文集》之李辉柄《前言》，陈万里：《陈万里陶瓷考古文集》，北京：紫禁城出版社，1997 年，第 1～4 页。

②　李辉柄：《故宫博物院陶瓷研究五十五年》，故宫博物院编《故宫博物院八十华诞古陶瓷国际学术研讨会论文集》，北京：紫禁城出版社，2006 年；收入李辉柄：《李辉柄陶瓷论集》，北京：故宫出版社，2013 年，第 383～387 页。

③　刘毅：《关于中国古陶瓷研究的几点思考》，《考古与文物》2000 年第 4 期。

阶段。以 1982 年中国硅酸盐学会主编《中国陶瓷史》问世为分水岭。《中国陶瓷史》问世前为第一阶段，其后至今为第二阶段。认为从陈万里到周仁，科学考古与科学化验的两块里程碑使陶瓷史的研究完全建立在科学研究的基础上，推动了陶瓷史研究的全面发展，也对整个当代中国陶瓷史产生了深远影响。第一阶段陶瓷史研究出现陶瓷文献、陶瓷考古、陶瓷鉴定、陶瓷科技、陶瓷艺术、陶瓷外销研究等 6 个流派的局面，这些流派在第二阶段又呈现出一些新特点①。这是对当代陶瓷史研究的学术分期，关于流派的提法前揭已经分析，划分两个阶段的依据主要是以《中国陶瓷史》这一重要成果作为标志。2013 年又有学者以杨静荣的资料和观点为基础，进一步将 1911 ～ 2011 年近百年中国古陶瓷研究的学术史分为 1914 ～ 1930 年、1931 ～ 1949 年、1950 ～ 1982 年、1983 ～ 2011 年等四个阶段②。这些侧重对出版专著的分析，将撰写、完善陶瓷史作为学术目标，分析学术历史的得失，未免得出大而化之的结论。

　　2008 年权奎山指出，中国古代陶瓷的考古发现与研究可追溯到 20 世纪 20 年代，之后尤其是新中国建立后，迅速发展，队伍也不断壮大，成为考古学的一个分支。通观 20 世纪的中国古代陶瓷的考古发现与研究，大体可以分为三个阶段：20 世纪 20 ～ 40 年代、20 世纪 50 ～ 70 年代、20 世纪 80 ～ 90 年代。指出 20 世纪 20 ～ 40 年代对古代瓷窑进行考古调查的学者很少，陈万里、叶麟趾具有代表性。20 世纪 50 ～ 70 年代陶瓷考古和研究呈现出日益兴旺的局面。20 世纪 80 ～ 90 年代陶瓷考古进入了发展、兴盛时期③。这是对陶瓷考古学明确的学术史分期，综合考虑了瓷窑遗址考古调查、陶瓷窑址考古发掘、考古遗迹出土的陶瓷器、陶瓷手工业研究等发现与学术成果，反映出陶瓷考古发展到新阶段对自身学术史分期的客观回顾和理性认识。

　　2010 年，秦大树将中国古代对瓷器的记录、研究到陶瓷考古的产生分成几个大的阶段。（1）早期记载阶段，从魏晋南北朝到清末。（2）陶瓷考古滥觞与发展时期。大体把 20 世纪前半叶作为滥觞时期，将一些外国人对窑址有组织的、有学术目的的

①　杨静荣：《当代陶瓷史研究的回顾与展望》，《陶瓷研究》1987 年第 2 期；主要内容收入陈帆主编：《中国陶瓷百年（1911～2011）》，北京：化学工业出版社，2014 年，第 88～98 页。

②　陈帆主编：《中国陶瓷百年（1911～2011）》第五章第一节《古陶瓷研究》，第 88～98 页。

③　权奎山、孟原召：《古代陶瓷》之一《陶瓷考古发现与研究概述》，第 6～35 页。

工作，视为陶瓷考古的一个肇始，推崇陈万里和叶麟趾为陶瓷考古创始人。20 世纪后半叶开始进入发展时期，主要特点是"窑址调查为主，发掘为副"。（3）陶瓷考古的成熟时期，则是 20 世纪 80 年代以后。随着中国考古学进入黄金时期，陶瓷考古得到快速发展。文献记载重要古代窑址，基本上都被发掘过，而且有些窑址不止发掘过一次，推动不少古陶瓷研究最基本的问题得到解决①。秦大树作为近年来陶瓷考古实践和研究的代表人物，立足于中国金石学、器物学传统下的古陶瓷研究渊源，关注西方考古学传入中国的大背景，以陶瓷窑址调查、发掘的理念、方法、收获、成果为主要因素，对陶瓷考古做出滥觞、发展、成熟的分期，是对陶瓷考古学史科学认识、深入分析的新判断。秦大树与权奎山对 20 世纪陶瓷考古学术史分期的判断基本一致，反映出学术界对此问题正逐步达成共识，这也是本书籍以在中国陶瓷考古学发展背景下对故宫的窑址调查活动进行学术史分期的基础。

三　故宫的窑址调查资料、研究回顾和学术史分期

目前，故宫的窑址调查文字资料主要有已发表或出版的窑址调查报告、古陶瓷研究论文、窑址标本图录和相关陶瓷史、陶瓷研究专著。另有未发表资料是故宫和相关机构或个人藏古窑址调查、古陶瓷研究相关人物、事件的档案及照片。其中，较为重要的是龙泉市博物馆藏陈万里手稿，以陈万里 1949 年以后在故宫工作期间的日记手稿最为重要，因整理这批资料工作量很大，目前只整理了部分资料用于研究。还有冯先铭、叶喆民等窑址调查的日记、笔记在其后人手中，目前暂难以运用。故宫窑址调查的实物资料是院藏古陶瓷窑址调查标本和相关机构捐赠标本，部分在故宫古陶瓷研究所公开展示。国外文献方面，主要是故宫陶瓷窑址调查研究成果译文和相关展览的资料，中国陶瓷考古中对窑址调查活动的介绍。总之，故宫的陶瓷窑址调查资料有待于深入分析、全面研究。就故宫的窑址调查的文字资料来说，可分以下三方面：

（一）陶瓷窑址调查报告。1949 年以后故宫开展的窑址调查从学术上看是民国时

---

① 秦大树：《陶瓷考古的新收获及宋代手工业的相关问题》（未刊稿），国家图书馆《文津讲坛》讲座讲稿，2010 年 3 月。

期陈万里调查活动的后续。陈万里以"八去龙泉，七访绍兴"系列窑址调查资为基础，校阅文献记载和考古材料相结合的代表性成果是 1941 年出版的《瓷器与浙江》和 1956 年出版的《中国青瓷史略》。从 1950 年开始至 90 年代，甚至最近，故宫学者陆续在 17 省区、176 个县市的 140 多个窑口、200 余处古瓷窑址开展调查，足迹几乎遍布国内所有重要古瓷窑址，被称为中国持续时间最长、跨越范围最广、学术影响最大的古瓷窑址调查活动。1950 年故宫组织窑址调查以后，陈万里就发表了《汝窑的我见》①《禹州之行》② 等成果。随后窑址调查的收获和研究成果，相继发表于《文物》《考古》《故宫博物院院刊》等。1997 年《陈万里陶瓷考古文集》收录新中国成立后陈万里发表的大部分窑址调查资料，公开了民国时期的部分窑址调查日记。20 世纪 90 年代以后，冯先铭的《古陶瓷鉴真》③《中国古陶瓷论文集》④，李辉柄的《李辉柄陶瓷论集》⑤ 也收入各自发表的窑址调查资料。曾在故宫工作并参与窑址调查的叶喆民、李知宴、李纪贤等发表的相关资料也是故宫窑址调查资料的有机组成部分。

（二）**陶瓷窑址标本图录**。1955 年陈万里《宋代北方民间瓷器》⑥ 公布了部分北方陶瓷窑址标本资料。20 世纪 90 年代以来，故宫先后在冯先铭、李辉柄、冯小琦等学者主持下对窑址调查采集的陶瓷标本进行分类、整理、研究，选择有代表性窑口、时代、造型、纹饰的标本举办展览并出版图录，目前，这项工作还在进行当中。主要有《故宫博物院藏中国古代窑址标本一·河南卷（上、下）》⑦《故宫博物院藏中国古代窑址标本二·河北卷》⑧《故宫博物院藏中国古代窑址标本·北京、山东、陕西、宁夏、

① 陈万里：《汝窑的我见》，《文物参考资料》，1952 年 2 卷 2 期；收入《陈万里陶瓷考古文集》，第 149～153 页。

② 陈万里：《禹州之行》，《文物参考资料》，1952 年 2 卷 2 期；收入《陈万里陶瓷考古文集》，第 154～156 页。

③ 冯先铭：《古陶瓷鉴真》，北京：燕山出版社，1996 年。

④ 冯先铭：《中国古陶瓷论文集》，香港：两木出版社，1997 年。

⑤ 李辉柄：《李辉柄陶瓷论集》，北京：故宫出版社，2013 年。

⑥ 陈万里：《宋代北方民间瓷器》，北京：朝华美术出版社，1955 年。

⑦ 故宫博物院编，冯先铭、李辉柄主编：《故宫博物院藏中国古代窑址标本一·河南卷（上、下）》，北京：紫禁城出版社，2005 年。

⑧ 故宫博物院编，冯先铭、李辉柄主编：《故宫博物院藏中国古代窑址标本二·河北卷》，北京：紫禁城出版社，2006 年。

辽宁》①《故宫博物院藏中国古代窑址标本·山西、甘肃、内蒙》② 等。除陶瓷标本、窑具图片外，还收录了一批窑址、文献、碑刻等资料。冯小琦以 2005 年故宫延禧宫举办中国古代窑址标本展览为主题，公布了 17 个省 140 处窑址的介绍和代表性标本③。

（三）**中国陶瓷史及陶瓷考古专著**。陈万里、冯先铭等在开展古陶瓷窑址调查的实践中逐步树立了明确的学术目标，并制定长期研究计划。他们坚持以窑址调查为基础获得田野资料，与传统文献互证并弥补其不足，运用考古学、艺术学方法并利用科技检测成果开展陶瓷考古研究，以科学的理念重写中国陶瓷史。陈万里的《瓷器与浙江》④《中国青瓷史略》⑤、中国硅酸盐学会主编的《中国陶瓷史》⑥、冯先铭主编的《中国陶瓷》⑦、叶喆民著《中国陶瓷史纲要》⑧ 等，体现出故宫的窑址调查的学术地位和时代影响，总结了各时期全国范围内以窑址调查为基础的陶瓷史和陶瓷考古研究的学术成果。

总之，对故宫开展窑址调查研究的历史回顾集中于窑址调查成果学术总结和部分人物、事件的回忆。学术史层面的研究刚刚起步，缺少对研究活动整体线索的把握和各种碰撞、激荡的学术观点来龙去脉的分析。这不仅是出于政治上的考量和复杂的人事纠葛，也是由于历史研究的深度还不够。目前学术史的研究与回顾，可分以下两方面：

（一）**窑址调查的学术总结**。一方面，陈万里、冯先铭、李辉柄等学者作为故宫不同时期开展窑址调查的组织者，都非常重视这项工作的阶段性总结性。如陈万里《1949～1959 年对古代窑址的调查》⑨《故宫博物院十年来对古窑址的调查》⑩，冯先

---

① 故宫博物院编，冯小琦主编：《故宫博物院藏中国古代窑址标本·北京、山东、陕西、宁夏、辽宁》，北京：故宫出版社，2013 年。

② 故宫博物院编，冯小琦主编：《故宫博物院藏中国古代窑址标本·山西、甘肃、内蒙》，北京：故宫出版社，2013 年。

③ 冯小琦：《永不消逝的窑址》，《最大范围的中国古窑址调查》，《紫禁城》2006 年第 1 期。

④ 陈万里：《瓷器与浙江》，金华：国民出版社，1941 年。

⑤ 陈万里：《中国青瓷史略》，上海：上海人民美术出版社，1962 年。

⑥ 中国硅酸盐学会主编：《中国陶瓷史》，北京：文物出版社，1982 年。

⑦ 冯先铭主编：《中国陶瓷》，上海：上海古籍出版社，1994 年。

⑧ 叶喆民：《中国陶瓷史纲要》，北京：轻工业出版社，1989 年。

⑨ 陈万里：《1949～1959 年对古代窑址的调查》，《文物》1959 年第 10 期；收入《陈万里陶瓷考古文集》，第 263～274 页。

⑩ 陈万里、冯先铭：《故宫博物院十年来对古窑址的调查》，《故宫博物院院刊》1960 年，第 104～126 页。

铭《中国陶瓷考古的主要收获》①《三十年来我国陶瓷考古的收获》②《近年来陶瓷考古新成就》③《近几年中国古陶瓷研究现状》④《新中国陶瓷考古主要收获》⑤ 等。李辉柄《略谈中国瓷器考古的主要收获》⑥《中国瓷器研究现状与展望》⑦《故宫博物院陶瓷研究五十五年》⑧ 等。这些资料以开阔的学术视野总结了各时期中国陶瓷考古和研究取得的进步与成果，其中故宫的陶瓷窑址调查成果可以说是举足轻重，显示了其在中国陶瓷考古领域的主导地位。另一方面，一批国内学者也站在全局角度对中国陶瓷考古与古陶瓷研究开展学术史研究与方法论总结。如杨静荣《当代陶瓷史研究的回顾与展望》⑨、李正中《建国以来中国古陶瓷研究概述》⑩、叶文程《近年来中国古陶瓷研究进展综述》⑪、宋伯胤《对古陶瓷研究的再反思》⑫、赵鸿声《古陶瓷研究的新视点》⑬、马文宽《中国古瓷考古与研究五十年》⑭、刘毅《关于中国古陶瓷研究的几点思考》⑮、

① 冯先铭：《中国陶瓷考古的主要收获》，《文物》1965 年第 9 期；收入《冯先铭中国古陶瓷论文集》，北京：紫禁城出版社、香港：两木出版社，1987 年，第 91～116 页。

② 冯先铭：《三十年来我国陶瓷考古的收获》，《故宫博物院院刊》1980 年第 1 期；收入《冯先铭中国古陶瓷论文集》，第 117～140 页。

③ 冯先铭：《近年来陶瓷考古新成就》，《河北陶瓷》1982 年第 4 期。

④ 冯先铭：《近几年中国古陶瓷研究现状》，《景德镇陶瓷》（中国古陶瓷研究专辑 1），1983 年。

⑤ 冯先铭：《新中国陶瓷考古主要收获》，《中国古陶瓷研究》，北京：科学出版社，1987 年。

⑥ 李辉柄：《略谈中国瓷器考古的主要收获》，《故宫博物院院刊》1989 年第 6 期。

⑦ 李辉柄：《中国瓷器研究的现状与展望》，《南方文物》1997 年第 2 期；收入《李辉柄陶瓷论集》，第 303～309 页。

⑧ 李辉柄：《故宫博物院陶瓷研究五十五年》，《故宫博物院八十华诞古陶瓷国际学术研讨会论文集》，北京：紫禁城出版社，2006 年；收入《李辉柄陶瓷论集》，第 383～387 页。

⑨ 杨静荣：《当代陶瓷史研究的回顾与展望》，《陶瓷研究》1987 年第 2 期；主要内容收入陈帆主编《中国陶瓷百年（1911～2011）》，第 88～98 页。

⑩ 李正中：《建国以来中国古陶瓷研究概述》，《历史教学》1994 年第 2 期。

⑪ 叶文程：《近年来中国古陶瓷研究进展综述》，《陶瓷导刊》第 5 卷 1 期，1994 年。

⑫ 宋伯胤：《对古陶瓷研究的再反思》，叶文程主编《中国古陶瓷研究现状与展望》，《中国陶瓷工业杂志社》专辑，1994 年。

⑬ 赵鸿声：《古陶瓷研究的新视点》，叶文程主编《中国古陶瓷研究现状与展望》，《中国陶瓷工业杂志社》专辑，1994 年。

⑭ 马文宽：《中国古瓷考古与研究五十年》，《考古》1999 年第 9 期。

⑮ 刘毅：《关于中国古陶瓷研究的几点思考》，《考古与文物》2000 年第 5 期。

吕军《20 世纪中国古瓷及瓷窑址的专题研究与讨论》①、王光尧《关于陶瓷考古的几个问题——代〈南方文物〉"土与火的艺术"专栏主持辞》②、易立《三十年来中国陶瓷考古发现与研究述略》③ 等，表明近年来学术界开始注意到从学术史与研究方法的角度总结窑址调查对陶瓷考古和陶瓷史研究的推动作用。

　　（二）故宫窑址调查事件、人物的回忆及成果评价。1996 年李辉柄在《陈万里陶瓷考古文集》前言中，回忆了陈万里先生 20 世纪 20～50 年代开展窑址调查和陶瓷考古的情况，认为陈万里先生不仅是中国新瓷学的开拓者，而且是中国新一代瓷器研究人才的园丁④。2005 年 10 月，在故宫博物院举办的古陶瓷国际学术讨论会上，叶喆民《对古陶瓷窑址调查及故宫古陶瓷研究中心的认识和建议》、李辉柄《故宫博物院陶瓷研究五十五周年》、冯小琦《故宫博物院古陶瓷窑址调查概况》、苗建民《故宫博物院古陶瓷研究概况与展望》等从多个角度总结回顾了故宫开展窑址考察的情况⑤。2006 年第 1 期《紫禁城》以专刊的形式刊登冯小琦的《最大范围的中国古窑址调查》《永不消逝的窑址》，叶喆民、李辉柄、冯小琦的《调查亲历记》等，并公布了陈万里、冯先铭的部分调查日记，披露了原始记录的图片资料，对故宫陶瓷窑址调查活动的人物、事件、资料、成果等集中地回顾与研究，首次从学术史的角度关注故宫的窑址调查活动，并形成了一个小的高潮。2009 年万钧以《陈万里陶瓷研究与鉴定》书评的形式对陈先生其人其文给予评价⑥。2010 年冯小琦在《冯先铭的学术经历》⑦ 中进一步总结了冯先铭"以科学精神从事古陶瓷窑址调查工作"情况。2014 年赵宏的《中国陶瓷史学史》⑧ 以《现代陶瓷考古史学》为一章，专门叙

① 吕军：《20 世纪中国古瓷及瓷窑址的专题研究与讨论》，《文物春秋》2005 年第 2 期。

② 王光尧：《关于陶瓷考古的几个问题——代〈南方文物〉"土与火的艺术"专栏主持辞》，《南方文物》2008 年第 1 期。

③ 易立：《三十年来中国陶瓷考古发现与研究述略》，《中华文化论坛》2008 年第 4 期。

④ 《陈万里陶瓷考古文集》之李辉柄《前言》，第 1～4 页；以《中国瓷器研究中的开拓者陈万里》为题收入《李辉柄陶瓷论集》，第 232～235 页。

⑤ 故宫博物院古陶瓷研究中心编：《故宫博物院八十华诞古陶瓷国际学术研讨会论文集》，北京：紫禁城出版社，2006 年。

⑥ 万钧：《永远的经典》，《紫禁城》2009 年第 5 期。

⑦ 冯小琦：《冯先铭的学术经历》，《美术观察》2010 年第 10 期。

⑧ 赵宏：《中国陶瓷史学史》，北京：中国文史出版社，2014 年。

述陈万里、冯先铭、李辉柄的学术成果和贡献，并肯定了他们在中国陶瓷史学史上的重要地位。

关于故宫陶瓷窑址调查的学术史分期，主要有两个方面的问题需要讨论：其一，故宫窑址调查学术史的起始时间；其二，故宫窑址调查学术史的分期与整个中国陶瓷史研究学术史、陶瓷考古学术史分期的关系。

关于第一个问题，目前公开的资料显示，新中国成立以后故宫博物院组织的调查古代窑址活动开始于 1950 年 11 月对河南汝窑、钧窑等地的调查①。但根据档案资料来看，最早的应是 1950 年 7 月对河北顺德（今邢台）、河南修武当阳峪窑址的调查活动。1950 年 7 月的调查活动，由于调查人杨忠礼作为技工的经验较少，调查收获不大，也未发表报告，以至当时此项工作实际负责人陈万里和后来的参与人没有提及。但档案资料表明，这是故宫第一次有组织、有计划的窑址调查活动，我们不应该忽视那段窑址调查蹒跚起步的历史。

第二个问题，在前揭已经讨论中国陶瓷史研究学术史、陶瓷考古学术史分期的基础上，也应该认识到故宫的古瓷窑址调查与北京故宫博物院近百年跌宕起伏的发展历史密切相关，与整个中国现代考古学与博物馆学的发生发展更是休戚相连。因此，在考察故宫的窑址调查学术史的时候，就不能不考虑上述联系。同时，故宫的窑址调查又有时间上的连续性与间断性，影响因素的确定性与不确定性，把对这种反映在学术上的规律性和特殊性的探讨与故宫博物院发展史、中国考古学史、博物馆学史结合起来，是我们总结分析故宫窑址调查史的指导方针。在分期方面，亦是如此。

我们的分期遵循以下原则：一、凡是故宫组织的窑址调查与发掘，不论何人何时从事的，都将划入总结的范围；二、窑址、标本的发现是由一定学术目的的主动性调查或抢救性调查的结果，而非偶然；三、故宫的窑址调查学术史分期是以中国陶瓷史的学术史分期作为主要依据，同时参考中国陶瓷考古学的学术史分期。基于以上标准，我们试把故宫的窑址调查学术史分为以下几期：

第一期：探索期（1949~1961 年）。始于 1950 年杨忠礼对河北邢台、河南当阳

①　陈万里、冯先铭：《故宫博物院十年来对古窑址的调查》，《故宫博物院院刊》1960 年。

峪等窑址的调查，终于 1959 年陈万里、冯先铭对河北磁县贾壁村窑址的调查。在此期间，故宫在国家文物局的直接领导和支持下组织窑址调查活动，先后于 1950 年 10～11 月调查河南省汝窑、钧窑，1951 年 6～7 月调查平原、河北两省磁州窑、定窑，1954 年 4～5 月调查陕西两省耀州窑和山西省等地窑址，1953 年 3 月、1954 年冬季对"瓷都"景德镇窑和外销瓷窑址集中的福建德化、广东潮州等窑址进行调查。这一时期的窑址调查主要是服务于故宫陶瓷馆展陈，每一次窑址调查都制定了完善的计划和保障措施，显示了对这项工作的高度重视。从学术史角度看，在一定程度上延续着窑址调查主导者陈万里个人 1949 年以前对浙江龙泉窑址的工作，在调查理念、方法、技术上也具有很强的探索性。这一时期，也因个别实施者的个人原因未能参与窑址发掘。

第二期：展开期（1962～1980 年）。始于 1962 年故宫启动新一轮窑址调查，当年 4～5 月赴山西、河南调查了山西介休窑、山西榆次窑，河南密县窑、登封窑、修武当阳峪窑共五处窑址。止于 1979 年派遣李知宴等人参加浙江龙泉窑调查与发掘。期间，1964 年 3～4 月配合陶瓷馆展陈对汝窑、钧窑、磁州窑开展再调查，在调查技术手段、报告资料、开展研究方面都取得了很大进步。1965 年故宫参与组织了中国陶瓷考古赴日展览，此后窑址调查因政治原因有所停顿。20 世纪 70 年代以编写中国陶瓷史为目的对各地窑址调查的指导和查漏补缺。1976 年 6～7 月调查了福建德化屈斗宫窑、江苏宜兴涧纵窑，1976 年 12 月调查山东淄博窑，1977 年调查山西浑源窑、河南鲁山窑等窑址。此外，还对浙江、福建、广东等地外销瓷窑址进行调查。1979 年故宫参与的浙江龙泉窑调查与发掘，显示很高的田野发掘水平，但遗憾的是这项工作此后没能持续开展。这一时期参与调查的多位故宫专业人员年富力强，素质很高，在国内陶瓷学界影响很大。

第三期：延续期（1981～1999 年）。始于 1981 年冬季为探讨原始瓷器的浙江绍兴富盛窑调查，止于 1998 年故宫举办《仿古陶瓷和主要窑址标本展》、1999 年故宫学者参与编写中国美术全集陶瓷卷对古陶瓷及窑址的总结。这一时期 1981 年对邢窑、1987 年对安徽省窑址、1990 年对河南宝丰清凉寺汝窑的调查，整体上落后于全国的陶瓷考古调查、发掘工作，处于延续时期。1981～1982 年故宫组织赴英国、日本、中国香港"中国陶瓷古窑址展览"，对宣传古陶瓷文化、推动外销瓷研究发挥了重要作用。

　　第四期：崛起期（2000 年至今）。这一时期故宫重新启动全国范围内的窑址复查工作，目的是编著中国古代窑址标本丛书。2002 年以后，以王光尧为代表的一批学者敏锐地意识到窑址考古发掘对解决陶瓷研究问题的不可代替作用，以故宫的名义与其他文博考古机构联合，参与或主导了景德镇明清御窑厂、昌江区丽阳乡元明瓷窑遗址、浙江德清火烧山原始青瓷遗址、湖北武当山琉璃窑址的考古发掘，取得重要发现与研究成果。2005 年成立故宫古陶瓷研究中心，2006 年以刊发系列文章的形式回顾故宫窑址调查的收获，肯定陈万里、冯先铭、叶喆民等人的贡献。2009 年成立故宫国家文物局古陶瓷科学技术研究基地，都提出继承古窑址调查的优良传统，充分利用窑址调查的资料开展陶瓷史特别是对宋代五大名窑的深入研究，利用院藏陶瓷资料开展陶瓷科技的研究。2013 年故宫考古研究所成立，将陶瓷窑址考古发掘作为重点发展方向之一，再次联合启动对景德镇御窑厂等考古发掘，说明故宫的窑址考古活动传统已经和整个中国考古学的发展密切相连，进入一个崛起的新阶段。2015 年故宫古陶瓷研究中心改建为古陶瓷研究所，继续致力于院藏古陶瓷标本的整理出版，深入开展宋代五大名窑瓷器的展览、研究。这一期的工作与 21 世纪以来故宫博物院的发展与中国考古与博物馆事业紧密相关，限于本书的时间界限很近，不少工作仍处于进行状况，本书暂不进行总结论述。

第一章 1949 年以前的窑址调查活动

产生于 20 世纪前叶的陶瓷考古活动萌芽于西方人对中国窑址盗宝式的挖掘。同时，以陈万里、叶麟趾、周仁为代表的中国学者也开始主动对窑址进行调查。这些有组织、有学术目的的工作，应该说是现代西方考古学影响下陶瓷考古工作的重要组成部分。诞生于 1925 年的故宫博物院，是中国现代文物、博物馆事业发展史上的一个里程碑。总结故宫的窑址调查学术史不能不关注 1949 年以前中国的窑址调查活动。

第一节 欧美、日本人对中国窑址的调查

19 世纪后叶到 20 世纪初，随着欧美人士在华活动的增多，他们对中国古代艺术品，尤其是古代陶瓷器的追逐也日趋增长。受西方现代考古学影响的这批欧美人士在收集古瓷时更多地关注其产地、出土地等考古学问题，与此前和当时中国收藏者多关注瓷器的真伪、时代、价值等问题就有了一定进步。对地下出土古陶瓷的重视源于宋代巨鹿城的发现。这座古城在北宋大观二年 （1108 年） 由于黄河泛滥而埋于地下[①]。1918 年当地农民偶然挖出宋代瓷器和铁器，立即引起知识界的极大重视，古董商们也蜂拥而至，大批精美的文物不断流向国内外。1920 年天津博物馆对巨鹿城进行了调查[②]，1921 年北平历史博物馆在巨鹿故城的三明寺附近进行了正式发掘[③]。

---

① 据巨鹿县《三明寺妙严殿记》碑文载："大观二年秋，河决旧堤，流行邑中，寺之所存塔与罗汉阁尔，水既东下，退淤之地高余二丈，政和五年即覆邑。"转引自《国立历史博物馆丛刊》第一册，1927 年。

② 张厚璜、李祥著：《巨鹿宋器丛录》第一编《瓷器题字》，天津博物馆印行，1923 年。

③ 《巨鹿宋代故城发掘记略》，《国立历史博物馆丛刊》第一年第一册，1927 年。

出土的大批宋代文物引起了人们特别是欧美学者寻找这些瓷器生产窑口的热情。英国人罗伯特·霍布逊（R. L. Hobson）首先提出从巨鹿古城中出土的透明釉下施白色化妆土的器物就是中国古文献中提到的"磁器"①。由于巨鹿古瓷在古董市场上的畅销，一些人开始把目光转向了古瓷窑址，他们到窑址上挖掘瓷器残片，拿到古董市场上出售。

在中国南方，20 世纪初期浙江龙泉窑就开始被采挖，到 20 世纪 20 年代更有法国、美国、日本等外国人参与盗挖②。20 ～ 40 年代，中国南北方很多古代的窑址，包括今天磁州窑的观台镇窑址，河南的钧窑③、四川的邛崃窑、浙江的杭州官窑都出现了盗挖现象，大批瓷片被卖到北京、开封、上海、杭州的古玩市场。其中影响恶劣的事件是 1936 年四川军阀唐式遵驻防邛崃，调动士兵在什方堂窑遗址进行大规模盗挖，把瓷片用来装饰房子和修路，也使许多精美器物散失④。这一时期对窑址造成很大破坏的同时，一大批淹没了数百年乃至千年的古代瓷窑遗址得以被发现。

在此背景下一些欧美人开始对窑址进行有组织的地面调查和盗宝式挖掘。1933年，焦作煤矿的英国工程师司洛瓦（R. W. Swallow）从焦作窑，即修武县当阳峪窑附

---

① Hobson. R. L," Chinese porcelain fragments from aidad, and some bashpa inscriptions," in transactions of the oriental sociely, 1926 – 27.

② 陈万里《龙泉访古记》民国十七年六月六日（在龙泉）："据说开始挖掘在民国元、二年（1913 年），十余年来出过不少好的物件，先后被古董商收去了"；民国十七年（1928 年）六月八日："（廖君）说可惜大窑的碎片，数年前已经有外国人托人成箱的装运出去……牡丹瓶都从上海客人手中卖出，成箱的碎片装往法国去的不少；前几年有一个法国人，由松阳天主堂的介绍来龙泉，专门搜集碎片"；民国二十三年（1934 年）十一月四日"岱根坳头大窑新亭等处采集碎片忙"记："挖掘是光绪末年开始的，二十余年来出了不少物品，上海、杭州、宁波、温州各地古董商都来过。日本人据叶君说有一姓田，一姓松的，大概是田中同松村，说是在上海的古董商，所收去的货也不少。美国人也来过一次，就住在叶家。"参见陈万里：《陈万里陶瓷考古文集》，第 62、65、73 页。

③ 《禹县志》《山志》记载：（扒村）"近村人伐土寻古瓷，其五色釉彩，虽破碎，估客争取之，岁获以千计"。［清］王岑林等修，孙彦春校注《禹县志》上册《山志》，据民国二十六年（1935 年）版《禹县志》校注，郑州：中州古籍出版社，2013 年，第 169 页

④ 内迁四川的中央大学师生抢救收集了上千件邛崃窑陶瓷器，后带回南京，现藏于南京大学考古与艺术博物馆。参见李文：《邛崃窑文物（唐代）》，《南京大学学报（哲学、人文科学、社会科学）》2013年第 1 期。

近农民的挖掘中得到消息，对该窑址进行了以挖宝为目的的发掘，并将出土的瓷器标本全数卖给了西方著名的收藏家尤摩弗帕勒斯（George Eumorfopoulos），尤氏后来将这批标本捐给了不列颠博物馆（The British Museum）。次年，瑞典古董商人卡尔贝克（Orvar. Karlbeck）受司洛瓦的邀请又对当阳峪窑址进行了调查①。他们把当阳峪窑发掘和调查的搜集品，两次在欧洲杂志上发表②。1935 年，在上海海关任职的美国人詹姆士·马歇尔·普拉玛（James Marshall Plumres）在工作之余考察福建建窑遗址，采集大量的建盏与窑具带回美国，目前收藏在美国密歇根大学考古博物馆，1972 年日本出光美术馆将其资料编辑出版③。接着，普拉玛又调查了浙江余姚上林湖越窑遗址（今属慈溪）。在上林湖南岸共发现三处窑业废弃物堆积，周边民居多使用窑具及瓷片作为建筑材料④。普拉玛撰文对他采集标本的胎釉特征，装饰技法和装烧痕迹、窑具等进行描述，记录了越窑的 M 型匣钵和泥点装烧方法，还发现了一片外底刻有"太平戊寅"款的标本，认定其应为"太平兴国三年（978 年）"⑤。1936 年 6 月，华西大学博物馆的美国人葛维汉（David C. Graham）、英国人贝德福（O. H. Bedford）和郑德坤等人对邛崃窑址进行了调查。葛维汉看到邛崃窑被盗挖来的瓷片装饰房子和路很是痛心，给中央研究院提过申请希望去发掘，但没有批准，他就去实施地面调查⑥。1937 年，英国学者白兰士敦（A. D. Brankston），对景德镇的几处窑址进行了简单的踏查。在随后出版的《景德镇明初瓷器》一书中的"浮梁地区和瓷窑"条中介绍了在湖田窑址采集的青花瓷、青白瓷和素面白瓷，其中大量的

---

① Karlbeck. Orvar, "notes on the wares from the chino tso potteres", in ethnos, vol, 8, no. 3.（july－september 1943）

② 这些陶瓷标本目前藏英国大英博物馆。西方学者从而认识到，焦作这个地方是生产类"磁器"一类的器物，以致相当长的时间内日本人把所有磁州窑的器物都称作叫焦作窑。

③ ［日］出光美术馆：《天目瓷考察》，东京：出光美术馆，1972 年；［日］小山富士夫《陶瓷全集》之《天目》第 26 卷 20 页。

④ James M Plumer, "Long lost Chekiang Kiln－sites, where precious Sung pottery is dug out for building material", *The Illustrated London News*, March 13th, 1937.

⑤ James M Plumer, "The source of the celebrated Sung 'Secret Colour' ware discovered", *The Illustrated London News*, March 20th, 1937.

⑥ David C. Graham, "The Pottery Chiung Lai（邛崃陶器）",《华西边疆研究学会杂志》第 11 期，1939 年，第 14～15 页；Bedford O. H. , "An Ancient Kiln Site at Chiung Lai, Sze Chwan（四川邛崃古窑址）",《中国杂志》第 26 卷 1 期，1937 年，第 14～15 页。

是精细的青白瓷，许多带有刻划花装饰，青花瓷数量较少。书中还提到了湘湖等窑址，但是因为湘湖等地区匪患猖獗，其他资料据当地人的口传信息。同年，白兰士敦还调查了江西吉州永和窑，并从永和窑捡得一块凤纹的青瓷片，鉴定出尤摩弗帕勒斯（George Eumorfopoulos，有的汉译为欧慕浮帕乐司）所藏的一件凤首壶为吉州窑作品，肯定吉州窑开始烧造于唐代①。1940 年，英国人麦康（Farly M. F.）还调查过广东潮州百窑村②。

　　除欧美人之外，日本人受中国文化的影响和地缘关系，也是这一时期中国陶瓷窑址调查的重要力量。在中国北方，1930 年日本大谷光瑞，派遣西本愿寺在汉口的布教师原田玄讷去临汝调查，到过临汝古一里、归仁里、张业里的四处窑址③。1941年，日本陶瓷学者小山富士夫利用日据的条件在华北地区广泛调查古窑址，其中比较重要的是对河北曲阳县定窑、邯郸彭城镇磁州窑和河南修武当阳峪窑、焦作李封窑等调查，收集瓷片现主要收藏于日本东京的根津美术馆和出光美术馆。他根据调查和藏品 1943 年出版了《宋磁》一书④，并将宋元时期窑址初步系统化⑤。日本人也对东北的一些窑址进行了调查和挖掘。1943 年儿玉重雄、上原之节、斋藤武一等人发现并调查了赤峰缸瓦窑屯窑址⑥。次年小山富士夫会同黑田源次等人组成专门的调查团再次考察了缸瓦窑，并搜集了大批瓷片。1944 年早些时候，小山富士夫、黑田源次等人及中国学者李文信还对辽上京城内官窑址进行了详细的调查和挖掘，掠走瓷片达 8000 余片⑦。日本人在中国南方的窑址调查主要在浙江境内。1930 年，日本驻杭州领事米内山庸夫为寻找文献所记载的南宋官窑，在杭州凤凰山一带调查宋

①　A. D. Brankston, "Early Ming Wares of Chingtechen", Henri Vetch, The North – China Daily News, 1938, pp. 55 – 60.

②　陈万里、冯先铭：《故宫博物院十年来对古窑址的调查》，《故宫博物院院刊》1960 年总第 2 期，第 104 ~ 126 页。

③　陈万里：《汝窑之我见》，《文物参考资料》1951 年第 2 期；收入《陈万里陶瓷考古文集》，第 149 ~ 153 页。

④　小山富士夫：《宋磁》，聚乐社，1943 年。

⑤　小山富士夫：《最近に於ける支那古窑址の发见》，《考古学杂志》第 27 卷 9 号，1947 年。

⑥　安志敏：《九一八以来日本人在东北各省考古工作记略》，《益世报·史地周刊》第 32、33 期，1947 年 3 月 11、25 日。

⑦　杉村勇造：《辽の陶磁》，《陶磁大系》第 40 册，平凡社，1974 年，第 96 ~ 98 页。

代窑址并采集大量瓷片，后经研究确认这里是所谓"郊坛下官窑"①。米内山庸夫对南宋官窑的探寻是最早的工作之一，但认识十分混乱，将景德镇青白瓷、龙泉窑青瓷均纳入官窑的范畴。后来的日本学者将米内山庸夫当年调查的资料进行整理，发现其中确有不少南宋官窑的标本②。1937年小山富士夫调查浙江余姚上林湖越窑③，中尾万三等人也调查过上林湖越窑，并有报告发表④。

第二节　陈万里、叶麟趾等人的窑址调查活动

目前对陈万里窑址调查活动通常的表述是："陈万里先生是我国近代第一位走出书斋，运用考古学的方法对古代窑址进行实地考察的学者，他认为：'照过去的老路——只靠点滴的文献史料进行研究，是无法取得显著成效的。'他为考查浙江龙泉青瓷，自1928年夏曾'八去龙泉，七访绍兴'，搜集了大量瓷片标本，进行排比研究，开创了一条瓷器考古的新途径，从而使我国陶瓷学进入一个崭新阶段。"⑤ 这样的总结与评价当然没有大的问题，但这一时期陈万里的窑址调查蕴含丰富的学术资料和时代信息还有待于深入研究与全面揭示。

陈万里在龙泉一带调查活动有（图1.1、1.2）：

（1）1928年5月31日至6月16日，第一次调查龙泉窑，亲历大窑、竹口、湖边月、宝定4处窑址，访问木岱村等14处地点⑥。

（2）1934年11月1日至11日，第二次调查龙泉窑，亲历丽水瓷窑，龙泉大窑多地，庆元竹口、枫堂等处古代窑址，采集昌岗、溪坞坑、束元坑、木岱和尚山、

① 米内山庸夫：《南宋官窑の研究》（1）－（29），载《日本美术工艺》159－196卷，1952～1955年。
② 長谷部樂爾：《南宋官窰窰址採集陶片について》，载《常盘山文库中国陶磁研究会会报》2《米内山陶片》，财团法人常盘山文库，2009年，第17～19页。佐藤サアラ：《米内山陶片と南宋官窰》，载《米内山陶片》，第19～57页。
③ ［日］小山富士夫：《支那青瓷史稿》，日本：中文堂，1943年。
④ 陈万里、冯先铭：《故宫博物院十年来对古窑址的调查》，《故宫博物院院刊》，1960年总第2期。
⑤ 李辉柄《前言》，陈万里：《陈万里陶瓷考古文集》，第1～4页。
⑥ 陈万里：《龙泉窑青瓷之初步调查》，《陈万里陶瓷考古文集》，第46～50页。陈万里：《龙泉访古记》，《陈万里陶瓷考古文集》，第60～66页。

图 1.1 20 世纪 30 年代陈万里工作照（龙泉市博物馆藏）

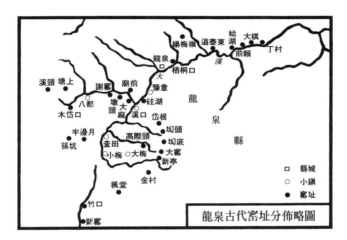

图 1.2 龙泉古代窑址分布略图（采自《陈万里陶瓷考古
文集》，紫禁城出版社、两木出版社，1990 年，
第 95 页）

蜜蜂岭下等 5 处陶土①。

（3）1938 年 9 月 23 日至 24 日，调查龙泉西乡八都、北乡道泰窑、道泰东窑、
蛤湖窑、大棋窑、丁村窑等 5 处窑址②。

（4）1939 年 1 月 17 日至 23 日，调查龙泉南乡大麻、查田、大窑北部坳底、庆

---

① 陈万里：《第二次调查龙泉青瓷所得之观感》，《陈万里陶瓷考古文集》，第 51～53 页。陈万里：《龙泉
访古记》，《陈万里陶瓷考古文集》，第 66～78 页。

② 陈万里：《龙泉西南北三乡之古代窑基》，《陈万里陶瓷考古文集》，第 54～56 页。陈万里：《龙泉访古
记》，《陈万里陶瓷考古文集》，第 78～81 页。

元等处窑址①。

（5）1939 年 5 月 12 至 13 日，调查龙泉大窑坳底，发现"黑胎骨，获见所谓紫口铁足"瓷器，在高祭头发现窑址②。

（6）1939 年 6 月 28 日至 7 月 4 日，调查龙泉高祭头、大窑、坳底、炉田等地③。

（7）1940 年 1 月 13 日至 16 日，调查龙泉溪口、墩头、大窑、查田等地④。

（8）1940 年 7 月 27 日至 8 月 3 日，调查龙泉溪口、大窑等地⑤。

（9）1941 年 9 月 17 日至 22 日，调查龙泉溪口、大窑等地⑥。

在绍兴一带的调查活动有：

（1）1936 年 5 月 17 日，调查绍兴九岩窑。在竹园发现洗、天鸡壶、虎子等残片，发现圆形多脚座、瓦筒式等窑具。在九岩桥、王家溇发现窑址及碎片。

（2）1936 年 8 月 10 日，调查绍兴庙下窑址，发现洗、瓶、罐、灯台等碎片，施釉的饼状窑具。调查旧埠窑址，发现布麻纹陶器碎片。

（3）1936 年 9 月 6 日，调查绍兴漓渚山一带窑址。

（4）1936 年 10 月 8 日，调查萧山迪埠一带窑址。

（5）1936 年 10 月 20 日，调查湖塘一带古墓葬。

（6）1937 年 11 月 1 日，调查蛇头山、古窑庵一带古窑址。

（7）1937 年 3 月 14 日，调查绍兴县锁龙桥西峰山下古墓葬⑦。

在余姚一带的调查活动是 1935 年 5 月 15 日，调查上林湖湖西村陈子山一带窑

---

①　陈万里：《龙泉大窑之新发现》，《陈万里陶瓷考古文集》，第 54～56 页。陈万里：《龙泉访古记》，《陈万里陶瓷考古文集》，第 81～83 页。

②　陈万里：《龙泉大窑之新发现》，《陈万里陶瓷考古文集》，第 54～56 页。陈万里：《龙泉访古记》，《陈万里陶瓷考古文集》，第 83～85 页。

③　陈万里：《一年半中龙泉之行》，《陈万里陶瓷考古文集》，第 54～56 页。陈万里：《龙泉访古记》，《陈万里陶瓷考古文集》，第 85～88 页。

④　陈万里：《一年半中龙泉之行》，《陈万里陶瓷考古文集》，第 54～56 页。陈万里：《龙泉访古记》，《陈万里陶瓷考古文集》，第 88～91 页。

⑤　陈万里：《一年半中龙泉之行》，《陈万里陶瓷考古文集》，第 54～56 页。陈万里：《龙泉访古记》，《陈万里陶瓷考古文集》，第 91～93 页。

⑥　陈万里：《龙泉访古记》，《陈万里陶瓷考古文集》，第 94～96 页。

⑦　陈万里：《山阴道上访古日记》，《陈万里陶瓷考古文集》，第 98～110 页。

址①。在浙江吴兴、金华、永嘉三处调查活动，约在 1937 年抗战以前调查吴兴摇铃山、金华古方窑、永嘉三角门外将军桥一带窑址②。

由此可以看出：

（一）陈万里对浙江窑址的调查大体分三个时期

第一时期，从 1928 年 5 月第一次调查龙泉窑，1934 年 11 月第二次调查龙泉窑，到 1935 年 5 月对余姚上林湖越窑。第二时期，集中在 1936 ～ 1937 年，先后 7 次对绍兴一带窑址的调查。第三时期，集中在 1938 ～ 1941 年间。主要对龙泉窑第三次至第九次调查。三个时期与陈万里当时任职于浙江省民政署和卫生部门，利用工作之便调查窑址有很大关系。1928 年夏调查龙泉窑是 "以视察旧处各县地方政务南行"③，吴兴金华永嘉三处调查 "往往在浙东西各县中，或以当时视察之余，或以个人游览之便"④。

（二）陈万里 1928 年 5 月第一次龙泉窑调查具有划时代意义

一是提出了调查的社会目的和学术价值。社会目的是看到出土器物流失海外，希望引起国人的注意。第一次调查龙泉窑时，"此处青瓷之出土者，什九为商人所得，转而贩运沪上，以善价而售诸外人。最近旧瓷碎片之成箱运外邦者尤多……固出土器物虽丰富，国人茫然视之，竟不以为宝。因此发愤，愿以视察余暇，从事勘察，试记之大概，以唤起国人注意"⑤。在调查过程中进一步认识到窑址调查的学术价值，并对窑址调查的田野记录、搜集资料、陈列展览、整理出版进行明确规划：

1. 切实调查在丽水龙泉庆元三县境内宋代以后仿宋青瓷各窑基之地点区域，为自来文献所不载或阙略而不详者，予以充分之勘误、证明及记录。

2. 依各该地搜集之成绩，为供给比较之研究材料。

3. 以搜集所得，分别陈列，为从来收罗青瓷未有之大观。

4. 预备将来整理之结果，编印专集，为研究青瓷者惟一的参考⑥。

二是明确了窑址调查的考古学方法。包括：

① 陈万里：《余姚上林湖访问记》，《陈万里陶瓷考古文集》，第 109 ～ 110 页。
② 陈万里：《追记吴兴金华永嘉三处所发现之古代窑基》，《陈万里陶瓷考古文集》，第 31 ～ 32 页。
③ 陈万里：《龙泉窑青瓷之初步调查》，《陈万里陶瓷考古文集》，第 46 ～ 50 页。
④ 陈万里：《追记吴兴金华永嘉三处所发现之古代窑基》，《陈万里陶瓷考古文集》，第 31 ～ 32 页。
⑤ 陈万里：《龙泉窑青瓷之初步调查》，《陈万里陶瓷考古文集》，第 46 ～ 50 页。
⑥ 陈万里：《龙泉窑青瓷之初步调查》，《陈万里陶瓷考古文集》，第 46 ～ 50 页。

1. 调查（窑基之地点，区域）

2. 搜集（散布在地面上及发掘后之整件，碎片，并其他附属器物）

3. 发掘（窑基及必要时之古墓）

4. 采取（各处瓷泥）

5. 收买（必要时收买已出土之器物）

6. 摄影

7. 记录（日记）

8. 报告①。

三是形成了窑址所在地点、原料产地的记录规范。调查分亲历部分，即详细调查之处，访问部分，即口头采访之处。对亲历的大窑、竹口、湖边月、宝定等4处窑址详细记录地理位置、周边环境，窑炉（当时称窑基）遗迹，陶瓷标本（称碎片）、窑具等遗物，并记录传闻和此前发现情况。对木岱村等6处访问地点记录地理位置和重要发现。特别重要的是调查记录了15处瓷泥出产地，记录其位置、烧窑状况和原料流向。

四是梳理了古代文献记载的瓷窑其产品状况。陈万里已经意识到考古工作对文献记载的证史、补史作用。我们不能以今天的眼光苛求前人调查与研究工作的完美，应该肯定1928年陈万里对龙泉窑的首次调查及以后的调查活动是中国现代意义上的陶瓷考古调查活动②。陈万里对龙泉窑的调查时间上并不落后于外国人对中国窑址的调查，从理念和方法上体现了现代考古学与陶瓷窑址田野调查的初步结合，称陈万里为"中国陶瓷考古的先驱"并不为过。

（三）陈万里的窑址调查奠定了对浙江陶瓷史进而青瓷发展史研究的资料基础

1928年第一次龙泉窑调查以后，陈万里回到杭州就写出调查报告《龙泉青瓷之初步调查》，登载在《国立中山大学语言历史研究所周刊》第四集第四十八期（民国十七年九月廿六日，即1928年9月26日）（图1.3），又刊载于《浙江民政月刊》第十七期（民国十七年十月一日，即1928年10月1日），这是现代中国公开发表的第

---

① 陈万里：《龙泉窑青瓷之初步调查》，《陈万里陶瓷考古文集》，第46～50页。

② 有学者认为，陈万里窑址调查的出发点和研究方法都不是以考古学为中心，不应该归入陶瓷考古的范畴。见王光尧：《关于陶瓷考古的几个问题——代〈南方文物〉"土与火的艺术"主持辞》，《南方文物》2008年第1期。

一份陶瓷窑址调查报告。1935 年 3 月，陈万里已经明确了窑址调查为撰写青瓷发展史的积累资料的目标。他说"第一步应当先行收集调查资料，以资研究。至于第二步之论断，那是以后的事。……反正我是确定了我的记述，原不过一种粗浅没有经过拣选的材料，预备贡献给当代学者为整个青瓷发展史的参考"①。1940 年 5 月他在对《中国陶瓷史》与《景德镇瓷业史》的批评中看到，"以数千年陶瓷著称的中华，竟没有一部陶瓷史，实在是一件可耻的事！"指出《中国陶瓷史》"这本书的最大毛病，就是采取几本陈旧的瓷书里底内容，因袭着以往的传说，作为正确的资料，几乎成了一种变相的类书，不是一部陶瓷史。"并且认识到"国人最初的制陶方法如何？嗣后陶器进步了，火候已经加高，表面已经施釉，当时之方法又如何？及至最后，完全成为瓷器了，制作方面有何改进？凡此许多进化的史实，应有充分的记载，这是著述中国陶瓷史的重要的责任。"② 1941 年陈万里将龙泉窑、越窑及绍兴等处窑址调查资料和相关研究文章结集为《瓷器与浙江》出版（图 1.4），在该书的初序中

图 1.3 《国立中山大学语言历史学研究所
周刊》（1928 年 9 月 26 日）封面

图 1.4 陈万里著《瓷器与浙江》封面
（金华：国民出版社，1941 年）

---

① 陈万里：《〈青瓷之调查及研究〉第一集引言》，《陈万里陶瓷考古文集》，第 6~7 页。

② 陈万里：《〈中国陶瓷史〉与〈景德镇瓷业史〉的批评》，《陈万里陶瓷考古文集》，第 20~22 页。

表达了他对浙江窑址调查的目的，"一、昭示造瓷之在浙江，有此重要的历史。二、介绍浙江古代造瓷的进步技术。三、知道地底下的蕴藏，还是很丰富，需要吾们努力的探索与不断地研究。四、表示着这是我个人一种尝试的工作，希望由此小册，可以把研究浙江古瓷的兴趣大大扩展开来"①。1944 年自我评价该书为"研究中国古代陶瓷方面，辟以新园地，扩一新境界也"②，被评价为"为浙江青瓷研究作一导乎先路的拓荒者"③。

（四）陈万里的窑址调查活动也呈现出明显的不平衡性

1928 年首次调查龙泉窑址之后，时隔 6 年之后的 1934 年陈万里第二次调查将范围扩大到龙泉和丽水、庆元等县的窑址，调查了 5 处陶土产地，推断了瓷窑业分布的规律，"大凡窑之存在，第一须出产陶土地点相近。……第二须与运输方便"。同时，以初步统计的办法记录了瓷片标本的文字内容，提出了以调查资料为基础对文献记载的早期龙泉青瓷的问题思考④。随后几次调查发表的资料基本上保持了窑址位置、调查发现窑基（窑炉残基）、采集标本（碎片）和窑具等主要资料。与龙泉调查相比，1936～1937 年先后 7 次对绍兴一带窑址的调查，多是获得瓷片盗挖、墓葬出土物信息之后的现场访问，日记显示的调查过程和资料记录显得十分仓促与单薄，窑址调查活动呈现出明显的不平衡性。除龙泉窑外，抗战前浙江古代窑址已经发现的有绍兴的九岩窑、王家潒窑、庙下窑、余姚的上林湖窑、吴兴的钱山潒摇铃山窑，德清的德清窑，金华的古方窑，温州的西山窑等⑤。从 1937 出版的《越器图录》（图 1.5）及相关资料看⑥，当时陈万里对越窑关注的重点可能是利用已经发现的窑址资料，搜集墓葬出土瓷器，通过纪年资料加以排比来研究越窑的相关问题，以致越窑的窑址调查工作显得较为薄弱和粗疏。

20 世纪 20～40 年代陈万里在浙江的陶瓷窑址考古调查活动有着特殊的个人原因

---

① 陈万里：《〈瓷器与浙江〉初序》，《陈万里陶瓷考古文集》，第 30 页。
② 陈万里：《〈瓷器与浙江〉自序》，《陈万里陶瓷考古文集》，第 5 页。
③ 罗常培：《〈瓷器与浙江〉序》，《陈万里陶瓷考古文集》，第 3～4 页。
④ 陈万里：《第二次调查龙泉青瓷所得之观感》，《陈万里陶瓷考古文集》，第 51～53 页。
⑤ 陈万里、冯先铭：《故宫博物院十年来对古窑址的调查》，《故宫博物院院刊》1960 年，第 104～126 页。
⑥ 陈万里：《〈越器图录〉序言》，《〈唐代越器专集〉引言》，《越窑与秘色瓷》，收入《陈万里陶瓷考古文集》，第 12～14、17～19、23～27 页。

和深刻的社会背景。从个人经历看，陈万里 1924 年 5 月 10 日参加北京大学由古迹古物调查会更名的考古学会，与叶瀚、李宗侗、沈兼士、韦奋鹰、容庚、马衡、徐柄昶、董作宾、李煜瀛、铎尔孟、陈垣等 12 人为考古学会会员。随后，陈万里与马衡、徐柄昶、李宗侗受学会委派调查孟津出土周代铜器、大宫山明代遗迹、洛阳北邙山出土文物、甘肃敦煌古迹，参观朝鲜汉乐浪郡汉墓发掘①。1925 年 2 月 26 日至 7 月 31 日，陈万里经北京大学研究所国学门指派，经福开森（Dr. John C. Ferguson）介绍，陪同美国考古队华尔纳（Langdon Warner）和翟荫等人赴敦煌调查（图 1.6），

图 1.5　陈万里著《越器图录》封面（上海：中华书局，1937 年）

图 1.6　1925 年陈万里敦煌调查前北京大学合影

---

①　陈洪波：《中国科学考古学的兴起——1928～1949 年历史语言研究所考古史》，桂林：广西师范大学出版社，2011 年，第 67～68 页。

往返六月余，行程达万余里。目的是搜访佛教中的艺术品，所得的考古材料不少。如邠州的大佛寺、泾州的南石窟和丈八寺，兰州的金天观，安西的东千佛洞，以前的人多不甚注意，以致志书里留着许多错误。经过陈万里实地调查，辨明了方位，判定了时代，以后再有人去时，便可依据这些材料而作更精密的考察了①。这些经历无疑为陈万里了解考古学的思想理念、方法手段提供了重要机会。

　　从整个中国社会发展来说，从19世纪末算起，到20世纪20年代，中国考古知识的传播以及相关活动已经开展了近30年时间。1921年安特生发掘仰韶村开始，20世纪20年代中期，考古工作在北方非常盛行，一时间美国、法国、瑞典等国的考古学家和学术团体，纷纷到中国北方进行考古。中国的考古学家虽然也想做考古，但是没有钱。直到哈佛大学人类学博士李济在美国史密森研究院弗利尔艺术馆中国考古队的支持下，1927年10月15日至12月底，在山西西阴村发掘史前遗址。这是中国第一次田野发掘，采取了布探方、保留土尖（实际上就是关键柱）、剥葱式（实际上是逐层水平揭露）的方法，记录上采取了"三点记载法"、层叠法。共出土物76箱，每箱重约40公斤，除了最多的陶片之外，还有大量的骨头和石器。并且决定将出土物带回北京，计划一是对陶片做统计学的研究；二是研究陶片致碎的性质②。从1928年10月到1929年12月，历史语言研究所的董作宾、李济等人在安阳殷墟进行了三次大规模的科学发掘活动，突破了金石学的狭窄范围，标志着考古学已经发展成为独立的科学③。

　　这样来看，具备一定的考古学视野和经验，又对古物陶瓷有浓厚兴趣的陈万里利用工作之便，把考古学方法运用到陶瓷窑址的调查中去，就不是偶然的事情了。陈万里在日记中也坦言了他热衷于窑址调查的原因：

　　　　考察回来而担任了第五科科长，至此以后虽则还是担任卫生行政……为此，这一个期间里面，我之所以能有时间来研究考古学，就是一般人所望从政之暇的一种雅玩意儿而已。……你就尽有时间可以每天八圈（许多人就如此），可以在湖

---

① 陈万里：《西行日记》之《顾颉刚序》《自序》，《陈万里陶瓷考古文集》，第319～324页。
② 李济：《西阴村史前的遗存》，李光谟编：《李济与清华》，北京：清华大学出版社，1994年。
③ 徐苹芳：《考古学简史》，载《考古学基础》，北京：科学出版社，1958年，第154～166页。

上逍遥自在，在酒酣耳热之际可以做歌跳舞寻寻快乐，而我则就恢复了在十几年以前一度兴奋过的考古生涯，不过考古的对象是由佛教艺术——造像的研究转变为古代陶瓷的研究而已。①

与陈万里调查浙江窑址的同时，清末曾赴日本留学，专攻窑业的叶麟趾，归国后从事陶瓷工业及教学工作，20 世纪 20 年代对北方的定窑、磁州窑等瓷窑址开展考古调查，他在 1934 年出版《古今中外陶磁汇编》中（图 1.7、1.8），发表了对定窑等窑址调查资料的研究成果，认为"当地之剪子村发现古窑遗址，并拾得白磁破片，绝类定器。……又附近之仰泉村，亦为定窑出产地。"② 提出定窑遗址在今河北曲阳县的重要结论。还指出"闻宋代磁州窑之佳品，多出自河南之安阳县，抑或曾用其原料，该地名隙口（即：东艾口），在镇南五十余里，现今无窑迹，常有掘出之品云。"③ 发现了位于漳河流域的东艾口窑是磁州窑的产地之一。

图 1.7　叶麟趾旧照

① 龙泉市博物馆藏陈万里手稿《从政生涯》，第 25～28 页；原稿无明确日期，从龙泉市博物馆藏陈万里手稿《1953 年日记》，1953 年 4 月 24 日，记个人书写履历看，1929 年 1 至 2 月为考察行政，卫生科工作。推测这段记于 1929 年 2 月以后 1930 年之前。
② 叶麟趾编著：《古今中外陶瓷汇编》"定窑条"，北平：文奎堂书店，1934 年。
③ 叶麟趾编著：《古今中外陶瓷汇编》"磁州窑条"，北平：文奎堂书店，1934 年。

图 1.8　叶麟趾著《古今中外陶磁汇编》封面（北平：文奎堂书店，1934 年）

此外，古陶瓷考古与科技研究的先行者之一，原中央研究院周仁在 1930～1932 年，前后三次到杭州对南宋乌龟山官窑遗址进行实地调查试掘。乌龟山下发现较多瓷片，间有窑具以及完整器出土，引起了国内外陶瓷学者的关注，一致认为这里是南宋官窑的窑址。周仁对该窑址进行试掘并发表了报告书，为南宋官窑的探索提供了考古依据[①]。这也是中国学者开展的最早的针对古代窑址的考古发掘工作。20 世纪 30 年代周仁还多次实地调查景德镇窑址，主要是为陶瓷工艺研究采集标本和原料[②]。

第三节　小　结

　　20 世纪 20～40 年代是中国陶瓷考古产生时期。这一时期的社会背景是各地古玩商引发的盗宝之风使一大批中国南北方古陶瓷窑址被发现，引起具有考古学背景的欧美、日本人士对陶瓷标本的重视和对窑址的盗挖，将大批标本运出国外，并对其开始进行考古学研究。国内以陈万里、叶麟趾、周仁为代表的学者分别以各自拥有社会调查、窑业调查、工艺实验的知识背景，多以个人身份对龙泉、越窑、定窑、乌龟山南宋官窑等窑址开展调查。在目前还未看到外国人更早对中国窑址的调查资料前提下，1928 年 5 月陈万里首次对龙泉窑调查作为一定意义上的田野考古调查，连同当年 9 月陈万里发表的调查报告中提出的陶瓷窑址的调查工作方法与内容，无

---

① 周子兢：《发掘杭州南宋官窑报告书》，《国立中央研究院总报告》（第四册），国立中央研究院文书处，民国二十年（1932 年），第 136～144 页。

② 周仁：《中国古陶瓷研究论文集》之严济慈《序》，轻工业出版社，1982 年，第 2 页。

疑是中国陶瓷考古学史上的开创性事件，标志着中国现代陶瓷考古活动的产生。

据不完全统计，1949 年以前经过调查的窑址有：浙江的杭州市郊台下官窑、余姚上林湖窑、德清窑，江西景德镇湖田窑，吉安永和镇窑，福建的水吉窑，广东的潮州水东窑，河北的曲阳定窑，河南的修武当阳峪窑，临汝的严和店窑等，共计11 处[①]。

1949 年以前故宫与陶瓷相关的工作主要是整理登记藏品，举办相关展览，尚无精力开展窑址调查。但需要注意的是，早在 1943 年陈万里以个人窑址调查的资料和研究成果，看到了故宫藏古陶瓷展览和出版图录在藏品窑口、年代和陶瓷史发展表述方面存在的问题和不足，说明他已经认识到了窑址调查的实践价值和学术意义。这无疑为他 1949 年以后进入故宫倡导窑址调查工作埋下了伏笔。

---

① 陈万里：《1949～1959 年对于古代窑址的调查》，《文物》1959 年第 10 期；《陈万里陶瓷考古文集》，第 263～274 页。

第二章 故宫对窑址调查的探索（1949～1961）

1949 年陈万里①进入故宫以后进行的窑址调查活动，从一定程度上说，是他1928～1941 年以个人身份或者说是个人兴趣调查窑址的继续，但这种工作获得了故宫博物院乃至国家文物局的支持与帮助，得以上升为一个时期故宫工作的重要内容，进而带动一批人自觉地开展调查活动，这又促使陈万里本人在实践中思考总结古瓷窑址调查活动的目标、理念、方法等，推动窑址调查上升为集体行为的学术活动。

第一节 窑址调查的蹒跚起步

目前公开的资料显示，新中国成立以后故宫组织的调查古代窑址活动开始于1950 年 11 月对河南汝窑、钧窑等地的调查②。但根据档案资料来看，故宫最早的窑址调查应是 1950 年 7 月杨忠礼对河北顺德（今邢台）、河南修武当阳峪窑址的调查活动。

1950 年 6 月 10 日，故宫古物馆起草文件拟派陈万里研究员赴河北顺德等处调查烧瓷窑址，因陈万里本人筹备陶瓷馆工作繁忙不能前往，只有派技工杨忠礼去做初

① 以下章节以注释形式附与故宫窑址调查相关的已故重要人物简介。陈万里（1892～1969 年），著名陶瓷学家，摄影家。江苏吴县人。1917 年 6 月毕业于北京医学专门学校，曾在北京大学、厦门大学、江苏省卫生署、故宫博物院等处任职。擅长摄影，是中国最早的摄影艺术家之一。出版《大风歌》《民十三之故宫》等摄影作品集。他将现代考古学的方法用在古陶瓷研究中，把田野窑址调查作为开展研究的基础，为中国陶瓷研究开拓了新天地。出版《瓷器与浙江》《越器图录》《陶枕》《宋代北方民间瓷器》《中国青瓷史略》《陶俑》等著作。

② 陈万里、冯先铭：《故宫博物院十年来对古窑址的调查》，《故宫博物院院刊》1960 年，第 104～126 页。

步调查①。时任院长马衡②明确指出两条任务：一是依据陈万里指示地点访求古窑址并检取瓷片，二是拓取有关烧瓷之碑记。6 月 12 日，马衡院长在呈报文化部文物局核发证明信的文件中又提示："惟须注意匣钵、釉料、瓷片、窑型等，并严令谨守规则，不得籍事招摇或收买古物等。"③

6 月 22 日，文化部文物局下发了由局长郑振铎④、副局长王冶秋⑤签字批准的调查计划，在发给证明书的通知中再次着重指出"匣钵、釉料、瓷片、窑形均需注意了解采集"⑥。杨忠礼具体的出发日期未说明，从"返回北京是 7 月 25 日，历时半月"的记载来看应是 7 月 10 日前后⑦。随后于 8 月 10 日故宫将调查日记和证明信报至文物局，将三张拓片存至院古物馆。

8 月 14 日，文物局收到日记后指出，看不出工作重点，应将调查工作之收获重

---

① 故宫藏档案资料编号 19500140Z，《拟派技工杨忠礼前往河北顺德各地做初步调查烧瓷窑址》。

② 马衡（1881~1955 年），浙江鄞县人，字叔平，别署无咎、凡将斋。西泠印社第二任社长，金石学家、考古学家、书法篆刻家。早年在南洋公学读书，曾学习经史、金石诸学，南洋公学肄业。1922 年被聘为北京大学研究所国学门考古研究室主任兼导师，1929 年任故宫博物院理事会理事兼古物馆副馆长，1933 年 7 月任故宫博物院代理院长，1934 年 4 月任故宫博物院院长，1952 后，年任北京文物整理委员会主任委员。精于汉魏石经，注重文献研究与实地考察。主持过燕下都遗址的发掘，对中国考古学由金石考证向田野发掘过渡有促进之功，被誉为中国近代考古学的先驱之一。

③ 故宫藏档案资料编号 19500141Z，《呈报我院拟派技工杨忠礼前往河北顺德各地做初步调查瓷窑址发证明由》。

④ 郑振铎（1898~1958 年），原籍福建省长乐县，出生于浙江省永嘉县（今温州市）。现代杰出的爱国主义者和社会活动家，又是著名作家、文学评论家、文学史家、翻译家和艺术史家，也是国内外闻名的收藏家。新中国成立后，先后担任文物局局长、考古研究所所长、文学研究所所长、中国科学院学部委员、文化部副部长，以及中国民间文艺研究会副主席、中国曲艺工作者协会理事等职。1958 年 10 月 17 日率领中国文化代表团出国访问，翌日因飞机失事遇难殉职。

⑤ 王冶秋（1909~1987 年），又名野квук。安徽霍邱人。1924 年加入中国社会主义青年团，曾任共青团北京市委秘书、霍邱县委书记。1932 年参加左联，1941 年加入中国共产党，后在冯玉祥处任教员兼秘书。1947 年后任北方大学、华北大学研究员。新中国成立后，历任文化部文物局副局长、局长，国家文物局局长、顾问。是中共十一大代表，第三至五届全国人大代表，第四、五届全国人大常委。著有《民元前的鲁迅先生》《琉璃厂史话》等。

⑥ 故宫藏档案资料编号 19500141Z，《呈报我院拟派技工杨忠礼前往河北顺德各地做初步调查瓷窑址发证明由》。

⑦ 故宫藏档案资料编号 19500142Z，《技工杨忠礼赴邢台冯村调查瓷窑址已返回该员日记三张拓片三份并呈》。

点简要总结①。8 月 21 日，故宫再次行文呈报此次调查结果和收获②。调查目的地有四处：一、由冯村去瓷窑沟；二、由顺德去七里村；三、观台镇；四、当阳峪。调查结果以观台镇古代窑址据闻不易寻觅，是以未去。已去的三处调查重点和收获是：一、瓷窑沟地属临城、内邱二县，调查目的在于希望发现古代邢窑窑址，以往记载的邢窑在内丘县境内，结果检得黑釉瓷片一包，拓得弘治、隆庆年间重修窑神庙碑记二通，该处确凿有古代窑址无疑。二、顺德七里村调查结果，据闻旧窑窑址已没入河道，仅能在河边检得白瓷（破）片一包。三、当阳峪地属修武县境，在该处发现古代窑址不少，曾捡得瓷片一包，并拓得崇宁四年（1105 年）《德应候百灵庙碑记》一通，记载该处烧瓷窑址情形。该处烧瓷为以往记载籍所不载，此次调查证实该处古代烧瓷且为北方重要烧瓷地点，是一大收获。故宫还陈明了此次调查总结不能十分详尽的原因，杨忠礼的任务是探取路径、调查旧窑遗址及拓取碑文，以备陈万里研究员实地考察时之参考资料，其他任务非杨技工所能胜任。

杨忠礼此后与陈万里一道还河南临汝、禹县调查汝窑、钧窑，平原、河北两省调查磁州窑、定窑③。

第二节　河南汝窑、钧窑调查

故宫的窑址调查可以说一开始就是有组织、有程序、有保障、有目的、有结果的学术活动。1950 年下半年至 1951 年上半年，陈万里、杨忠礼赴中原、河南等省的调查汝窑、钧窑来看，整个工作是作为当时"国立北京故宫博物院"乃至国家文化

---

① 故宫藏档案资料编号 19500143Z，《缴回前发我院技工杨忠礼赴顺德调查瓷窑址证明书及工作日记由》。

② 故宫藏档案资料编号 19500144Z，《将调查顺德等处古窑址拟具总结乙份呈请鉴核由》。

③ 杨忠礼多次参加 20 世纪 50 年代故宫的窑址调查工作，但故宫藏档案没有发现更多杨忠礼的个人资料，故宫在新中国成立后乃至再早的考古活动中的技工人员是值得关注的问题，像杨忠礼这样的技工对于故宫窑址调查的作用有待于更多资料来揭示。已经有学者注意到，在中国现代考古学史上，技工的历史和作用同考古学家同样悠久而巨大，但到目前为止还是被遗忘的群体。他们一般有着丰富的田野经验和高超的发掘技术，在田野工作实践中贡献很大。因为没有学历，一辈子只能当待遇和地位很低的工友，生活无保障。参见陈洪波：《中国科学考古学的兴起——1928～1949 年历史语言研究所考古史》，桂林：广西师范大学出版社，2011 年，第 321 页。

部文物事业管理局领导下的一项学术调查活动。

1950 年 9 月 25 日，故宫古物馆科长曾广龄、杨宗荣起草了呈报设计员陈万里、技工杨忠礼派赴中原、河南等省调查古代窑址和预算费用的文件，并附有陈万里关于此次出外调查古代窑址重心在于定窑、汝窑、钧窑、磁州窑、当阳峪及所经路线、计划半月时间和膳宿费、往返路费、购买新瓷、胶卷计 600 万元预算的附件。院长马衡在文件上签批，由总务处造具预算报（文物）局核发并请发给护照以便请各地政府协助。10 月 16 日，中央人民政府文化部文物局由局长郑振铎、副局长王冶秋签发的通知给故宫，为陈、杨两位发给护照、用毕缴还，文物局付出调查费用，事前领取，回京后报销。并专门指示此次工作应按照田野考古学调查工作进行，如日志、田野记录、地形图、遗址解剖图、标本编号及重点的摄影工作等，强调调查工作应想到如何对配合将来陶瓷馆陈列研究上有所帮助①。10 月 31 日至 11 月 27 日，陈万里、杨忠礼赴河南临汝、禹县调查古窑址②。

基于发表的调查成果，可以看到汝窑调查的思路和收获③。汝窑的调查是新中国成立后陈万里调查的第一个窑址，一方面基于汝窑作为宋代名窑的重要性，另一方面是汝窑研究的种种疑惑问题。陈万里认识到"想要解决这个问题，第一必须先从历史方面去找得一些线索，第二必须经过实地的调查"。为此，他在检索地方志、研究前人成果、梳理古代文献、已有研究再思考等方面提前做了大量工作，得以明确调查线索、研究目的和拟解决的问题。

首先，在汝窑调查之前，检阅汝州全志，在村庄部分见到许多与窑相关的地名，认为可能是煤窑或是窑洞的地名。虽没有找到明确的线索，但说明他希冀通过方志的检索获得窑址调查线索。

---

① 故宫藏档案资料编号 19500145Z，《以拟派陈万里杨忠礼同往河北等处调查古窑址发给护照由》。

② 浙江龙泉市博物馆藏《陈万里日记手写本》之《一九五零年之日记第二册陈万里在北京》，"十月二十八日"条下记："本月三十一日起到十一月二十七日至去临汝禹州调查古代窑址"；《马衡日记：1949 年前后的故宫（附诗抄）》中记：十月廿七日（星五）。晴。"陈万里调查古窑址定十一月一日出发"，调查起始日期以陈氏日记记录更为可信。参见故宫博物院编：《马衡日记：1949 年前后的故宫（附诗抄）》，北京：紫禁城出版社，2005 年，第 159 页。

③ 陈万里：《汝窑的我见》，《文物参考资料》1951 年 2 期；收入《陈万里陶瓷考古文集》，第 149～153 页。

其次，根据前人的调查扩大调查地点。1930 年日本人原田玄讷调查汝窑所去过的是古一里（西南乡）、归仁里（正南乡）各一处窑址，张业里（东北乡）四处窑址。此次陈万里调查汝窑时得到以上传闻资料，先去南乡，调查严和店、陶墓沟、刘庄、冈窑等 4 处，再去东北乡调查了大峪店东沟、叶沟、黄窑等 3 处，还到了宝丰青龙寺和鲁山段店等地，获得了更为丰富的田野资料。

其三，从文献中探究古人对汝窑瓷器的认识。关于汝窑釉色，明代早期曹昭《格古要论》："汝窑器出汝州，宋时烧者淡青色，有蟹爪纹者真，无纹者尤好。土脉滋润，薄亦甚难得。"明代晚期高濂《遵生八笺》："汝窑尝见之，其色卵白，汁水莹厚如堆脂然，汁中棕眼，隐若蟹爪，底有芝麻花细小挣钉。"明代晚期田艺衡《留青日札》："汝窑，色如哥而微带黄。"对于汝窑的釉色，三条文献就有淡青、卵白、如哥（窑）微带黄等三种不同的描述。关于汝窑的时代、产品、产地。北宋徐竞《宣和奉使高丽图经》："狻猊出香，亦翡色也；上有蹲兽，下有仰莲以承之，诸器惟此物最精绝。其余则越州古秘色、汝州新窑器大概相类"。南宋周辉《清波杂志》："汝窑宫中禁烧，内有玛瑙为油，唯供御拣退，方许出卖，近尤难得"。南宋陆游《老学庵记》："故都时，定窑不入禁中，惟用汝器，以定器有芒也"。南宋叶寘《坦斋笔衡》："本朝以定州白瓷有芒，不堪用，遂命汝州烧青瓷器，故河北唐邓耀州悉有之"。另《负暄新录》："宣政间京师自置窑烧造名曰官窑"。陈万里从以上文献中梳理出汝窑发展的相关脉络：一是年代脉络。徐竞于宣和五年（1123 年）出使高丽，六年（1124 年）归来，进呈《高丽图经》。他看到了高丽最精绝的青瓷，其余与越州古秘色、汝州新窑器相类。说明此时越窑已成过去，汝州新兴烧造青瓷。推断宫中命汝州烧青窑器虽然在乱前（靖康之变，1127 年），但不会太早。以 1123 年徐竞所谓新窑器，乱后才有北宋官窑，推测宫中烧造青窑器的时间很短，以宣政间（政和至宣和年间，即 1111～1125 年）京师自置官窑的时间为限，推断哲宗元祐元年（1086 年）至徽宗崇宁五年（1106 年）大概是宫中用汝州烧青窑器的年代①。二是产品脉络。由于定器有芒，宫中不堪用，遂命汝州烧青窑器。可见当时汝州不但已经烧造青器，而且已有相当成就。汝窑的特征是"内有玛瑙为油（釉）"，流通方式

---

① 陈万里推断汝窑烧造年代的思路，目前看来缺少证据，值得深入研究。

是"唯供御拣退，方许出卖"。

其四，对已有研究成果的再思考。由于国外藏有一定数量的汝窑瓷器，近代以来国外学者对汝窑特征的有不少见解。英国欧慕浮布路司氏（应该是M. Eumorfopoulos，汉译名乔治·尤摩弗·帕勒斯）提出影青系汝窑说，霍布逊附和他的观点。1930年日本的原田玄讷受大谷光瑞指派去临汝调查以后，认为俗称的北方青瓷，即一般人所指的丽水窑是汝窑的主要制品。1937年英国大威德（原文音译为"台维特"）著《汝窑》提出汝窑是一种接近宋官窑的优秀青瓷，与北方青瓷完全不同。这些对汝窑产品不同的看法引起陈万里的思考，进而想弄清"在临汝县境内，究竟有多少古代窑址，而从古代窑址中需要调查哪一处可以代表早期的古代汝窑作品，或者哪一处可以就是汝窑的本来面目，实在是一件极有意义的事"。

汝窑调查因有明确的学术目的而获得可喜收获①。调查的主要发现与收获有：

（一）临汝严和店窑。1930年原田玄讷调查的所谓北方青瓷，以正南乡归仁里为优，就在严和店一带。这里离临汝县城12公里，严和店北面岭下，有一片瓷片分布区，系青瓷窑址，有印花青瓷和素地青瓷（图2.1）。

（二）临汝陶墓沟窑。在严和店窑南约8公里，进山即是陶墓沟。其附近5公里内外枣园、刘庄、冈窑、陈沟等处都有窑址，全系钧釉瓷片。

图2.1 临汝县严和店窑址（采自《陈万里陶瓷考古文集》，紫禁城出版社、两木出版社，1990年，第232页）

（三）临汝大峪店窑。地处临汝县城东北32公里，位于群山偏僻山村。附近2~3公里东沟、叶沟、黄窑、龙王庙沟等处都有素地青瓷碎片，色泽比龙泉窑深而带葱绿，判断为汝窑前期产品。

（四）宝丰青龙寺窑，即今天所指的清凉寺窑址。地处宝丰县西北大营，距临汝

---

① 《马衡日记：1949年前后的故宫（附诗钞）》中记：十一月三十日（星四）。晴。"陈万里调查古瓷窑归来，颇有收获，尤其对汝窑有新的发现"。故宫博物院编：《马衡日记：1949年前后的故宫（附诗钞）》，第164页。

严和店东南45里，烧瓷范围之大，技术之优，非严和店可比。瓷片种类颇多。主要发现有印花青瓷、钧瓷，以绿釉划波浪纹枕为代表的三彩，白釉、白釉画彩、白釉划花，黑釉分带凸线的、芝麻酱斑的，芝麻酱釉等。

（五）鲁山段店窑。在宝丰县大营镇之南40里，属鲁山县段店镇，镇外北面土沟、土沟坡上两侧田地，乃至寨墙上全是瓷片，可见窑场范围之大。种类复杂，主要见白釉、白釉画花、白釉划花、黑釉、芝麻酱釉等。其中白釉画花，釉厚处显黄色，有赭色或绿色图案花纹，有画黑花，属磁州窑风格。段店东北20里的梁洼店，有窑场40余处，以烧缸窑为多，也烧粗瓷黑釉大碗，较细的油滴，当地人称之为铅点。

陈万里汝窑调查获得的认识：一是严和店、大峪店、东沟、青龙寺等窑址发现的素地青瓷，色釉润泽，色调较龙泉深而带葱绿，是汝窑的主要作品，是后来宫中命汝州烧造青窑器的前期产物，即汝瓷的早期产品。二是否定了原田玄讷认为俗称丽水窑的北方印花青瓷，并非汝窑主要制品。认为汝瓷中的印花青瓷一方面是以定瓷的印花技术应用到青瓷上，另一方面是汝窑青瓷成熟的基础上，在素面上造成一种新作风的品种。三是发现汝州地区也烧造钧瓷，专门讨论汝瓷与钧瓷的关系。认为北宋以后汝窑青瓷废绝，以禹县野猪沟为中心掀起一种新作风，以红紫斑的美打破青瓷单纯色调，形成钧窑的特异风格，其时代该是南宋。这就是"钧代汝而起"的观点。四是清凉寺、段店与扒村的青瓷之外的其他产品，可视为杂窑作品，是北宋以后的南宋瓷窑多方向发展的面貌。

临汝各处窑址调查后，陈万里等又到临近的禹县调查钧窑。因为看到《禹州志》上记"州西南六十里，乱山中有镇曰神垕。有土焉，可陶为磁。"[①] 决定去神垕调查当年代汝而起的钧窑制瓷中心地区。陈万里调查钧窑的地点是离神垕10里的地处乱山中的野猪沟（野猪沟之地目前并不属于禹县神垕，而属于郏县黄道，当时的调查很可能在禹县神垕与郏县交界地带）。此处曾遭到大规模的挖掘，出土不少钧釉整器，遗留瓷片很多（图2.2），当时还能采集到天蓝、月白、葱绿等色釉的瓷片，还有少见的浅雕菊花纹钧釉瓷片，但不能断定就是古代烧钧釉器物的遗址。神垕镇附近的钧窑遗址尚未发现，当时镇上土窑专烧粗青花瓷器，有老艺人能仿烧钧釉、油

---

① 陈万里原文未著版本，经查出自［清］朱炜修，姚椿、洪符孙纂：《（道光）禹州志》二十六卷，清道光十五年（1835年）刻本。

滴敞口碗。此外紧邻的临汝县东北乡大
峪店叶沟、黄窑，南乡严和店、陶墓沟、
刘庄、冈窑等，甚至洛阳新安县北35里
山乡云梦山都发现有钧瓷碎片遗留。器
物胎骨很厚，釉色暗淡重浊，散布小块
的呆板紫红斑，缺少云霞般流动感。被
认为是仿制玫瑰紫、海棠红等釉色粗制
滥造的结果。

图 2.2　禹县野猪沟刘庄田地满带陶瓷碎片
（采自《陈万里陶瓷考古文集》，第
146 页）

　　陈万里通过调查提出了"钧瓷代汝
而起"的著名观点。所谓钧瓷，在北宋
时候是紧邻汝州阳翟县的一种青瓷而已，就没有钧窑这个名称。钧窑的兴起，与汝
窑的衰落有密切关系，或者说汝窑在衰落以后，制瓷中心从汝州移到了阳翟（即金
大定年间设立钧州所在地）。钧瓷开始露头于汝瓷极盛时代，在继汝而起的金代，即
南方的南宋，是精制作品的黄金时代。元代以后逐渐衰落，成为所谓粗制滥造时期。
及至明宣德间，已不能复烧钧瓷。明代钧瓷，则为一般人称道，本身的制作已经名
存实亡。至于钧窑与汝窑的断代，汝瓷只有宋而没有元，钧瓷有宋元而亦没有明。

　　另在禹县范围内调查到扒村窑。离禹县城西北约25里，村外发现窑址多处，碎
片堆积极广，村中各处随处可掘得碎片，推测当年窑场之大与神垕镇相似。制品中
大件较多，如直径一尺至两尺的大脸盆，三尺以上三截分烧的翻口大瓶，底径一尺
开外、高一尺以上的大罐，各种釉色的枕头，都是扒村窑特有的风格。标本分类有：
（1）白釉画黑花。纹饰有牡丹花、鱼藻、胖孩儿等，作风似当阳峪窑同种装饰，但
不及其洒脱。（2）白釉画赭色花。以虎形枕为代表。（3）三彩。常见女像、骑马人，
也有素三彩雕花、划花残片。（4）绿釉画黑花、孔雀绿釉。（5）黑釉。多外黑釉、
内白釉，以小盘小碗居多，胎骨甚薄。推断扒村窑与生产紫红斑的钧窑瓷器是相并
行而不冲突的，其年代可能是黄河以南一处较早的民窑。扒村窑是磁州窑、当阳峪
窑之外重要的白釉黑花产地。其宋三彩女像也是山西高平窑之外的重要窑场。

　　此次调查结束后的1951年1月21日，故宫很快行文向文物局上缴差假证件，连
陈万里的证件不慎放在小皮夹内在公共汽车上丢失，只得缴销杨忠礼一人证件都清

楚呈报①。1 月 24 日，故宫博物院向文物局呈报陈万里起草的汝窑报告及禹州之行报告②。2 月 12 日，文化部文物局收到文件后下发通知，对陈万里的二件报告准予备查，要求调查中所购瓷片及残片应造册，和调查照片应予报送文物局，瓷器原件及搜集的碎片标本交付故宫博物院作为研究资料③。2 月 26 日，故宫方面按要求将调查古窑址摄影片粘贴一册，瓷器残器清册上报了文物局。由于陈万里回院后忙于筹备武英殿的陈列，碎片标本尚未编号，只得陈明情况④。

第三节　平原、河北两省磁州窑、定窑调查

1951 年 4 月天气转暖，故宫又启动了上一年因中途下雪未竟的窑址调查工作。4 月 20 日，陈万里起草申请。4 月 21 日，故宫即向文物局上报了请示⑤。拟调查平原省（今属河南省）所属的新乡、修武（焦作）、博爱、汲县、安阳、辉县，河北省所属的磁县（彭城）、内邱、邢台、定县、曲阳等县，为期至多一个半月，预算车费、膳食费、胶卷费、杂费等 350 万元。参加人员为研究员陈万里、技工杨忠礼。当时陈万里已 60 岁、杨忠礼 52 岁。4 月 29 日，文物局收到呈报后下发通知，要求故宫应先拟定工作具体计划，并报启程日期与工作日期⑥。5 月 8 日，故宫上报了陈万里起草的工作计划，简要介绍了窑址基本情况、文献记载和已有发现和调查路线⑦。

6 月 1 日，故宫在获准文物局批准并下发护照后通知陈万里启程⑧。就在陈、杨两人出发之际，6 月 2 日文物局下发通知，提出调查工作系故宫本身业务之需要，费

---

① 故宫藏档案资料编号 19510052Z，《呈缴杨仲礼差假一件至陈万里证件已遗失由》。
② 故宫藏档案资料编号 19510053Z，《据陈万里编送汝窑调查及禹川之行报告两件》。
③ 故宫藏档案资料编号 19510054Z，《陈万里调查报告准予备查瓷片拨交你院调查照片报局》。
④ 故宫藏档案资料编号 19510055Z，《送陈万里编造调查古窑址及据购资器和残片清册及照片请备查由》。
⑤ 故宫藏档案资料编号 19510056Z，《陈万里报请继续上年调查古窑址韦境工作附录预计费用及领护照名单请核发由》。
⑥ 故宫藏档案资料编号 19510057Z，《陈万里杨忠礼继续上年调查古窑址工作应将工作具体计划送局审查由》。
⑦ 故宫藏档案资料编号 19510058Z，《送陈万里拟定调查古窑址工作计划及照片等请核示由》。
⑧ 故宫藏档案资料编号 19510059Z，《派陈万里前往河北平原河南三省调查古代瓷窑址》。

用自行解决，着重对外出调查古窑址提出参考意见。主要有：

一、各地区古窑址所搜集之瓷片标本，是证明文献史料最佳之方法，你院将来应利用此项标本配合藏品陈列，在调查采集时应和将来陈列相联系。

二、近代窑式如圆窑（福建系）、长窑（景德镇系）之构造，及各地区之特殊性窑式，应在调查时绘图、照相，以备将来辅助陈列之用。尤应收集其埏埴方法及釉、匋（陶）土各种不同之用料标本。

三、为将来使匋（陶）瓷陈列生动活泼而结合当前新爱国主义教育，在此次出外调查时，可与各重要古窑地区及城市作重点的摄取一些生产情况、文化活动及各种群众性之生活照片，将来陈列上一方面使观众看到古代高度工艺品之发展，又可以介绍了此古代窑址地区农村生产状况。

四、按匋（陶）枕（如指宋黑花白底磁枕而言）此物多出自宋人墓中，应注意古窑址是否出匋（陶）枕。

五、将来作调查报告时，要采用"田野考古报告方式"如地图、照片及标本采集之记录应密切配合①。

6月4日至23日，陈万里、杨忠礼先后赴平原省新乡、焦作调查当阳峪窑址，到安阳水冶镇调查西善应、北善应村窑址，磁县观台、彭城窑址，经定县到曲阳调查西燕川、岗北村窑址②。共调查六处窑址，带回一批捡拾宋代窑基遗留碎片，拍摄相关照片4卷③。6月28日故宫向文物局呈送了陈万里工作日记④，7月12日又呈了送赴河北、平原二省调查古窑址的报告及照片44张⑤。7月23日文物局经审查认为报告很好，将在《文物参考资料》上发表。同时要求故宫应注意将此次采集标本和有关照片配合实物，使调查研究工作与陈列工作密切结合，布置充实、改进陈列内容⑥。

根据公开发表资料，可以看到此次调查的发现与成果。

---

① 故宫藏档案资料编号19510060Z，《对陈万里杨忠礼出处调查古窑址提供几点参考意见》。
② 故宫藏档案资料编号19510064Z，《陈万里调查平原河北二省古瓷窑址工作日记及报告》。
③ 故宫藏档案资料编号19510061Z，《送调查窑址日记一份并缴销护照一纸请鉴察》。
④ 故宫藏档案资料编号19510061Z，《送调查窑址日记一份并缴销护照一纸请鉴察》。
⑤ 故宫藏档案资料编号19510062Z，《送调查古窑址报告并照片四十四张请鉴察由》。
⑥ 故宫藏档案资料编号19510063Z，《你院陈万里调查采集之标本及照片应充分利用布置陈列由》。

（一）磁州窑①

当时一般人都认识磁州窑的器物，但古代磁州窑遗址在磁县什么地方？磁县彭城镇所烧造器物是否磁州窑呢？是此次磁州窑调查需要解决的问题。1951年陈万里先后调查了包括冶子窑、观台窑、青碗窑等窑址。

冶子窑。东距磁县50里，北距彭城40里，在漳河北岸，与观台镇隔河相望。发现有半刻半画的白地黑花瓷片，白釉赭石色珍珠地划花瓷片，并有瓷枕。

青碗窑。距彭城镇西约25里，1959年在青碗窑村边发现窑址，遗址面积不大，散布瓷片不很多，以元代钧釉瓷器中常见的直口浅碗居多，另有大碗、盘，釉色以月白、灰蓝两种为多，带红斑的较少。

图2.3　观台窑址照片（采自《陈万里陶瓷考古文集》，第116页）

观台窑，属安阳县管辖，距水冶镇6公里的漳河南岸，窑址靠近渡口（图2.3），白釉素地碎片以大碗最多，其次是黑釉带斑残片，也有白釉划花。彭城镇南距冶子村40里，东距磁县50里，盛产瓷土，仍有现代瓷业生产，暂无发现古代窑址。

陈万里认为，文献上所谓的磁州窑已发现三处，即磁县冶子窑、青碗窑、贾壁窑。从东西洋即西方和日本瓷器著作中以磁州窑型的概念看，除冶子窑之外，观台窑、禹州扒村窑、山西阳城窑以及武安涉县烧造的瓷器都属于磁州窑型的范畴。就白釉的生产时间来看，观台与冶子窑属同一时期，两窑都是磁州窑瓷枕的烧造地点。

此次，还调查了与磁州窑属于大的同一区域的当阳峪窑、安阳窑址。

当阳峪窑。距修武县24公里，距焦作6公里，20世纪40年代欧美出版瓷器资

---

① 陈万里：《调查平原、河北二省古代窑址报告》，《文物参考资料》1952年第1期；收入《陈万里陶瓷考古文集》，第157～162页；陈万里：《1949～1959年对于古代窑址的调查》，《文物》1959年第10期，收入《陈万里陶瓷考古文集》，第263～274页；陈万里、冯先铭：《故宫博物院十年来对古窑址的调查》，《故宫博物院院刊》1960年，第104～126页。

料曾提到当阳峪，焦作中福公司的英国人也专门搜集过当阳峪瓷片。当阳峪是一个山口的小村落（图2.4），村口窑神庙发现北宋崇宁四年（1105年）碑记。较多的陶瓷品种是白釉，施以白地黑花或黑釉白花，再以刻剔或剔填装饰手法是其特点。另有宋三彩和独特的绞胎装饰品种瓷器。证实了当阳峪窑的烧造地点就在当阳峪村。

图2.4 当阳峪山口远望（采自《陈万里陶瓷考古文集》，第130页）

安阳窑址。包括善应窑、天僖窑等窑址。善应窑，距水冶镇西南10公里北善应、西善应两个村，发现钧釉系统的碎片及窑具，时代为元代。天僖窑，距水冶镇6公里的南岗上，碎片窑具堆积成丘，系宋代白釉。天僖西南产俗称"碗药石"，实为宝山的长石，用途以制瓷釉为大宗，制玻璃及琉璃次之，行销磁县、汤阴、修武、阳城一带。

（二）定窑①

尽管历史文献不乏对定窑的记载，但对于其地理位置记载大多笼统简略，如《格古要论》记："古定器俱出北直隶定州"②，《文房肆考图说》载："古定器宋时所烧，出定州，今直隶真定府也。"③近代以来不少人按照文献在定州的记载到河北定县或正定而寻觅无着。1934年在叶麟趾《古今中外陶瓷汇编》中指出："定州窑在今河北曲阳县。……曩者闻说'曲阳产瓷'，偶于当地之剪子村（即涧磁村）发现古窑遗址，并拾得白磁破片，绝类定器。据土人云；'昔之定窑即在此处'。"④1941年日本人小山富士夫据此前往该地再做调查而对外宣称"发现定窑址"。

---

① 陈万里：《1949~1959年对于古代窑址的调查》，《文物》1959年第10期；收入《陈万里陶瓷考古文集》，第263~274页。

② [明]曹昭：《格古要论》，文渊阁《四库全书》影印本第879册，台北：商务印书馆，1986年。

③ [清]唐铨衡：《文房肆考图说》卷三，北京：书目文献出版社，1996年。

④ 叶麟趾编著：《古今中外陶瓷汇编》，北平：文奎堂书庄，1934年。

为了检视叶麟趾和小山富士夫的判断，陈万里进一步检查《曲阳县志》①，得到以下内容：

> 卷一下"舆地条"：涧磁村，县北四十五里，东至北镇里二里，西至韩家村五里，南至灰岭村五里，北至树沟村五里"。

> 卷六"山川古籍考"：涧磁岭采访册在县北六十里。按岭在龙泉镇之北，西北灵山镇十里，上多煤井，下为涧磁村，宋以上有磁窑，今废。……龙泉镇，今俗称南北镇，镇旧有镇使副窑税使等官。

> 卷十、十一"土宜物产考第六条"：土性：山岭——县境三面皆山，土石相见多不能种禾麦，尚宜树木。露山一带，惟出煤矿，龙泉镇则宜瓷器，亦有出滑石者。……土产：黄瓷盆瓮之属，出恒水左右。白瓷龙泉镇出，昔人所谓定瓷是也。亦有设色诸式，宋以前瓷窑尚多，后以兵火燹废。宜请求旧法，参与新式，以复其利。

县志中记有瓷窑，而且说及定窑，并旧有瓷窑税使等官，这是极重要的记载。陈万里1951年赴曲阳县调查，"目的是采集些碎片，并确定它是否定窑遗址"，经过深入调查，确定了定窑遗址，并且纠正了叶麟趾记窑址所在地"剪子村"实为"涧磁村"、"仰泉村"为"燕山村"之误②。

图 2.5　涧磁村宋定碎片堆成的大丘（采自《陈万里陶瓷考古文集》，第126页）

曲阳县北约50里是灵山镇，以镇为中心东去10里是涧磁村，西去8里是东西燕山村，两处白瓷片及窑具堆积都很多。具体分布情况是，涧磁村直北发现一个高约8～9公尺，直径约30公尺的大土丘，系瓷片和窑具的堆积，大土丘以东又一小土丘（图2.5）。由此向东有一东西方向地沟，两边尽是瓷片，调查者视之为第一区。瓷片

① 陈万里原文未著版本，经查此条出自［清］周斯億、温亮珠修，董涛纂：《（光绪）重修曲阳县志》，清光绪三十年（1904年）刻本。
② 陈万里：《邢越二窑及定窑》，《文物参考资料》1953年第9期；收入《陈万里陶瓷考古文集》，第163～171页。

胎骨洁白细腻，色釉润泽匀净，较多的划花装饰，较少的素地，是定窑的标准瓷器。在此采集瓷枕侧面残片。村西约半里，山溪北面高原上为第二区，瓷片成丘堆积。除装饰划花外，印花不少。村东约一里半为法兴寺故址（图2.6），附近云龙纹碎片极多，曾出土整器10件，均划龙纹装饰，其中一件盘底有"尚食局"三字。东西燕山村，瓷片散

图2.6　曲阳县涧磁村法兴寺（采自《陈万里陶瓷考古文集》，第119页）

布在两村之间、之北和西燕山村以西区域，发现常见定窑的印花、刻花、素地瓷片。村西地区有白釉不到底的粗瓷碎片，可见定窑粗细两种不同风格产品。该区域另发现黑、暗蓝、暗绿色玻璃块。

比较而言，窑场区域以涧磁为广，较粗的产品都在东西燕山。作为覆烧瓷器的窑具独多圆圈式垫圈，大小不一，到处都是。综观发现标本细腻洁白的瓷胎，釉上表的泪痕，刻划花纹的图案，与传世定窑白釉瓷器相符，确定为定窑遗址。

除白釉的标准定器外，有不少黑釉瓷片，就是所谓黑定。紫红色的地面发现绝少，就是所谓红定。还发现绿釉龙纹碎片。采集到的盘底或碗底刻划铭文的有"尚食局""五王府""官"三类，除宋代器型以外，唐代器型亦有相当数量。

陈万里通过调查发现，结合《曲阳县志》记大周显德四年（957年）五字山院和尚舍利塔碑文，天成元年（926年）、宣和二年（1120年）碑文及《宋会要辑稿》记载，推测至迟晚唐定窑已经存在，从五代至北宋末期的相当长时期内，定瓷不仅专供宫廷使用，而且也供应社会需要，成为一个市场广阔的商品。

第四节　山西、陕西两省耀州窑等调查

1954年3月，故宫又启动了对山西、陕西两省的窑址调查。从档案资料来看，窑址调查活动已经没有向上级主管机构的请示、批准、报告等一系列程序，表明窑

址调查这时已经成为故宫独立开展调查研究的一项内容。

这一年 3 月 16 日，陈万里起草了一份瓷窑调查计划①。简要回顾了本人新中国成立前调查过的浙江龙泉窑址、余姚上林湖越窑和湖州、温州等地窑址及四川邛窑遗址，和取得的《瓷器与浙江》等学术成果。总结了新中国成立以后数年来调查的汝窑、钧窑、当阳峪窑、磁州窑、定窑、景德镇窑等窑址，新发现的禹县扒村窑、观台冶子窑（原属河南安阳，现属河北磁县）、安阳天僖等处窑址。提出了继续进行调查工作的目的是"为将来编写中国陶瓷史搜集材料"，并为了解决院内对外交流和业务工作中涉及陶瓷问题。当时，陈万里面临捷克专家即将来华咨询磁州窑发展范围等问题和匈牙利留学生实习等任务。为此制定的当年度调查计划是：

1. 北方古窑中，已知其地点而未经调查的如河南的登封窑、陕西的铜川黄堡窑（即一般所谓之耀州窑）、陈炉窑、立地窑、白水雷村窑，山西的长治八义窑等等，至于未能明确了地点之窑，如河南之汲县、山西之霍州、平定、汾州阳城等处，以及属于河北临城之瓷窑沟，虽经以前杨忠礼调查，尚未能肯定其是邢窑遗址的，均拟亲往调查（拟先进行山西、陕西两省调查，次及河北河南）。

2. 南方古窑址除江西之吉安，福建之建阳、德化以外拟先进行几处调查，最近所发现的窑址如福建之晋江、南安以及广东之潮阳等处。

拟进行步骤是本年度内拟分两次出发，在北方调查时由杨忠礼出去，南方调查时由陈万里本人单独前往以节省差旅费用。

3 月 17、18 日，有关部门负责人同意了该计划。其中冯先铭②还特别指出"计划去南方时一人前往不妥，陈先生年岁较高，血压又很高。为减少因干活上琐碎事项而支付很大劳力起见，仍以去两人为合宜"。3 月 30 日，陈万里首先列出了《拟往晋陕两省调查古代

① 故宫藏档案资料编号 19541282Z，《调查窑址需用预算问题》。
② 冯先铭（1921～1993 年），著名古陶瓷研究与鉴定专家。原籍湖北汉口，1921 年 11 月 17 日生于北京。1942～1943 年就读于北平辅仁大学西语系。受其父冯承钧的影响，对历史有浓厚兴趣。1947 年供职于北京故宫博物院，1954 年以后，专门从事陶瓷艺术的研究，任陶瓷组组长，1978 年在研究室工作，为副研究馆员，后任研究馆员。兼任国家文物委员会委员、国家文物鉴定委员会委员、中国古陶瓷研究会、中国古外销陶瓷研究会长、陶瓷美术协会常务理事、中国考古学会理事。曾多次应邀赴日本、英国、泰国、菲律宾、中国香港和中国台湾等国家和地区访问，在国际学术讨论会上作专题发言。1983 年应聘在香港中文大学艺术系讲授中国陶瓷史，并受聘为该校永久荣誉客座教授。著有《龙泉青瓷》《定窑》《青白瓷》《中国古陶瓷论文集》《中国古陶瓷文献集释》等，《中国陶瓷史》主编之一并执笔宋代部分。

窑址的行程及预算大概》，计划前往山西长治、阳城、晋城，陕西耀县铜川，乃至回程时去河南登封、汲县，河北临城等。随后的 4 月 8 日，该计划被时任院长吴仲超①批示同意。

这年的 4~5 月，陈万里、董志海二人开展了山西、陕西两省的窑址调查工作②。陈万里在返回后报告中记录了调查的经过与收获：

> 调查自四月十六日启程，五月一十五日回京，计三十日。调查山西长治县八义镇宋瓷加彩，及陕西铜川县黄堡镇烧造所谓宋代耀瓷二遗址，采集碎片均经先后邮寄回故宫。在山西太原、长治、晋城、赵城、临汾各处调查明代琉璃器物，颇多发现。在晋城花河、阳城后则腰，铜川黄堡镇等处，参观现在烧制粗瓷情形。在太原、西安等处停留期间，参观省博物馆并各处文化馆。此行经由地方要求在太原及西安博物馆内各讲演一次，在阳城、临汾等处并举行座谈。此多次调查秦晋两省文管会协助之处甚多。在山西调查期间由文管会专派同志三位，随同出发。在陕西区去黄堡镇时亦由文管会派员同往。

从陈万里更为详细的工作日记来看，这次调查与此前相比有三个明显的特点：一是调查活动得到了省、地（市）、县等地方各级文化、文物部门的大力支持与帮助。二是窑址调查活动与考察地方考古发掘文物、博物馆藏品乃至民间收藏相结合。三是调查过程和工作间隙开展的访谈、座谈等活动，在一定程度上指导、带动、影响了地方特别是窑址所在地文博工作者对当地窑址的调查活动。四是初步形成了一套田野调查、标本采集、资料整理、成果发布的程序与方法。

这次调查与发现的收获主要是耀州窑的相关成果③。调查之前关于耀州窑，陈万里检视的文献记载有：

---

① 吴仲超（1902~1984 年），又名兰久、铿，上海南汇大团镇（今上海市浦东新区）人。曾任中共华东党校副校长兼华东人民革命大学副校长，1954 年冬任文化部部长助理、故宫博物院院长兼党委第一书记等职。

② 故宫藏档案资料编号 19540355Z，《调查秦晋两省宋代烧瓷窑址及调查日记》。

③ 陈万里：《我对耀瓷的初步认识》，《文物参考资料》1955 年第 4 期；收入《陈万里陶瓷考古文集》，第 194~198 页。陈万里：《1949~1959 年对于古代窑址的调查》，《文物》1959 年第 10 期；收入《陈万里陶瓷考古文集》，第 263~274 页。陈万里、冯先铭：《故宫博物院十年来对古窑址的调查》，《故宫博物院院刊》1960 年总第 2 期，第 104~126 页。陈万里：《〈耀瓷图录〉序》，陕西博物馆编《耀瓷图录》，北京：中国古典艺术出版社，1957 年；收入《陈万里陶瓷考古文集》，第 235~240 页。

图2.7　宋代耀州窑址（采自《陈万里陶瓷考古文集》，第134页）

图2.8　北宋元丰七年（1084年）德应侯碑拓片（故宫博物院藏，吕成龙供图）

1. 《宋史·地理志》记：耀州贡瓷器。

2. 《辍耕录》《景德镇陶录》记：宋烧青瓷器，仿汝而色质均不及汝。

3. 《老学庵笔记》记：出青瓷器，谓之越器……然极粗朴不佳，惟食肆以其耐久多用之。

4. 《清异录》记：耀州陶匠创造一等平底浅碗，状简古号曰小海鸥。

5. 《清波杂志》记：烧瓷白者为上。

6. 《景德镇陶录》记：后烧白瓷颇胜。

7. 《饮流斋说瓷》《古今中外陶瓷汇编》记：近人亦说仿定之器。胎虽薄较定尚厚，釉虽细虽白较定略粗而稍黄，并有飞凤、萱草、牡丹等种种暗花。

8. 《古今中外陶瓷汇编》记：唐初已烧白釉及黑花铁绣花之件，并且在白瓷上施以淡红淡绿的色彩，称为带彩耀器。

以上文献描述的耀州窑青瓷与白瓷，但实物究竟是怎么样？当时没人说明白。陈万里经过1954年调查，确认文献记载的耀州窑在铜川县黄堡镇。黄堡镇北离铜川30里，南据耀县也是30里。全镇南北长约10里，东西较狭。镇西南公路两侧田埂间及路西山坡上，到处可见青釉碎片和较大破碎匣钵（图2.7）。青釉器碎片，胎质发灰，极坚硬。青釉色调润泽，微微泛黄，所谓橄榄色。制作大体略厚，颇有稳重安定之感。有刻花、印花、素地三种。刻花大多莲花、菰草之类图案，整齐中又显流利生动；印花以花卉为多。距黄堡镇15里的陈炉镇，也烧青釉器。根据窑址附近窑神庙有大宋元丰七年（1084年）德应侯碑记（图2.8），结合最早记载耀州瓷的北宋初开宝年间（968～976 年）陶谷著《清异录》，陶谷历仕五代晋、汉、周数朝，推断耀州烧瓷时代可以从北宋上溯到五代，初步认识到耀州窑青瓷"釉色与制作，实与临汝所烧造的相似"。

1957 年陈万里第二次调查耀州窑时又搜集较多唐代风格瓷片，进一步推断其时代可上溯到唐代。至于耀州窑所烧白器，因为当时调查时间短粗，尚未发现碎片，需要等待以后的详细调查①。

第五节 "瓷都"景德镇窑址调查

1953 年 3 月，陈万里调查了江西景德镇石虎湾、湘湖窑前山、朱家岭、董家坞等处窑址②。1954 年 10 月，陈万里又去景德镇，在景德镇陶瓷馆同志引导下发现了离湖田不远的胜梅亭窑址③。

作为南方重要陶瓷窑场的景德镇，有一千四百年的悠久历史，明代以前的情况，只是有点文献上的片面记录。即使有些实物，大体可以知道哪一种是湘湖窑，哪一种是枢府窑。这些古代的窑址在什么地方？各窑所烧造的瓷品真实情况怎样？应该是陈万里景德镇窑址调查的根本目的。

陈万里认识到，文献的梳理有利于厘清瓷窑烧造历史，对于窑址调查时注意不同时代产品的特征差异也十分重要。景德镇的相关文献提供了其不同时代陶瓷产品的信息。文献上记载最早的是《浮梁县志》："新平治陶，始于汉世"，其次《江西通志》记："陈至德元年（583 年）大建宫殿于建康，诏新平以陶础贡，巧而弗坚，

---

① 陈万里：《我对耀瓷的初步认识》，《文物参考资料》1955 年第 4 期；收入《陈万里陶瓷考古文集》，第 194～198 页。

② 故宫藏档案资料和公开发表资料都提及了1953 年 3 月景德镇多处窑址调查、4 月广州西村窑调查，但详细的档案资料尚无查到。参见陈万里：《景德镇古代窑址的调查》，《文物参考资料》1953 年第 9 期；收入《陈万里陶瓷考古文集》，第 172～175 页；陈万里、冯先铭：《故宫博物院十年来对古窑址的调查》，《故宫博物院院刊》1960 年总第 2 期，第 104～126 页。

③ 陈万里：《最近调查古代窑址所见》，《文物参考资料》1955 年第 8 期；收入《陈万里陶瓷考古文集》，第 199～202 页。

再制不堪用，乃止。"《浮梁县志》又记"唐武德中（618～626 年）镇民陶玉者，载瓷入关中，称为假玉器，且贡于朝，于是昌南镇瓷名天下。"《景德镇陶录》记："霍窑，窑瓷色亦素，土墡腻，质薄，佳者莹缜如玉，为东山里人霍仲初所作，当时呼为霍器。邑志载，唐武德四年（621 年）诏新民霍仲初等制品进御"。以上是景德镇窑唐代瓷器的信息。

北宋景德镇瓷器生产状况相关文献也有记载。元代蒋祁《陶纪略》载："景德镇陶……埏埴之器，洁白不疵，故鬻于他所，皆有饶玉之称，其视真定红瓷、龙泉青秘，相竞奇矣。"陈万里敏锐地意识到这是描述南宋景德镇瓷品。《景德镇陶录》记"景德窑宋景德年间（1004～1007 年）烧造，土白壤而埴，质薄腻，色滋润，真宗命进御，瓷品底书景德年制四字，其品尤光致茂美，当时则效，著行海内，天下咸称景德镇瓷品，而昌南之名遂微。"不但记影青产品，而且记烧窑处，甚至产品特征、行销范围。"镇东南二十里外有湘湖市，宋时亦陶，土埏埴，其体亦薄，有米色、粉青二色。""湖田窑镇河南岸口，有湖田市，元初亦陶，土埏墟，质粗多黄黑色，即浇白者亦微带黄黑，当时浙东西行之器颇古雅。"仅以文献对于判断各地出土影青瓷器原产地是远远不够的。此外，景德镇明代瓷器除了御窑厂烧造官窑瓷器外，民窑也极为发达，相关文献不胜枚举。

1954 年陈万里调查，即先就文献所记湘湖、湖田两处着手，其次及于别处，发现瓷片及烧窑工具同时出土的窑址有 5 处。并肯定景德镇附近百里以内都有瓷窑，如能继续地面调查，可能有更多调查，对于编写中国陶瓷史必能提供丰富资料[①]。调查的 5 处窑址是：

（一）石虎湾窑。窑址堆积层在湘湖与湖田之间，被公路穿过。大多是青釉瓷片，类似湖南岳州窑，青色较深，接近艾色，灰胎厚胎较多，薄胎较少，有极细的裂纹，也有白釉。推断烧造时期为唐，延续到宋。白虎湾首次发现的唐代碎片，与文献所记陶氏、霍氏制作产品相符，唐代景德镇的实际遗物被认为在我国陶瓷史上

---

① 陈万里：《景德镇几个古代窑址的调查》，《文物参考资料》1953 年第 9 期；收入《陈万里陶瓷考古文集》，第 172～175 页。陈万里：《最近调查古代窑址所见》，《文物参考资料》1955 年第 8 期，收入《陈万里陶瓷考古文集》，第 199～202 页。陈万里：《1949～1959 年对于古代窑址的调查》，《文物》1959 年第 10 期；收入《陈万里陶瓷考古文集》，第 263～274 页。陈万里、冯先铭：《故宫博物院十年来对古窑址的调查》，《故宫博物院院刊》1960 年，第 104～126 页。

还是首次发现。石虎湾唐代青釉与岳州窑相
近，证明早期景德镇窑属于唐代青瓷系统。

（二）胜梅亭窑。距湖田3公里，进入南
山后第一个村落即是胜梅亭。在靠近山坡的断
面堆积（图2.9），发现黏结的青釉盘碗，釉
色与石虎湾青釉相近，青色微泛绿。山坡过
西，青釉堆积很多。发现青釉、白釉二种瓷
片，推测为唐代。湘湖附近的窑前山、盈田村
也发现青釉瓷片，可见湘湖、湖田附近二三十
里是盛烧青瓷区。

（三）湖田窑。窑址在河西的山坡上，全
是典型的宋代影青瓷片。有的胎质很薄，釉作
淡月白色，划花生动；有的胎色洁白，釉色为
淡淡的水青色，非常匀净，代表了景德镇北宋
瓷器的优良标准。湘湖的窑栏山也发现有影青
瓷片及窑具。

图2.9　景德镇胜梅亭窑址民间茅舍后
面山坡断面（采自《陈万里
陶瓷考古文集》，第180页）

（四）南山里窑。窑址在景德镇市区向南过河，约1公里处进山，沿路瓷片成
堆。全是类似枢府瓷的白釉，比湖田窑瓷器要粗，碗内见印花，时代在宋元之间。

（五）董家坞窑。景德镇去四图里5公里即董家坞，发现多是明代嘉靖万历时期
民窑青花碎片，纹饰山水、花卉、人物皆有，风格洒脱有致，器物底部见"食禄万
钟""玉堂佳器""富贵佳器""万福攸同"等文字。

第六节　浙江上林湖等窑址调查和未能的发掘

浙江是我国陶瓷的发源地和重要产区，其越窑和龙泉窑闻名遐迩。抗战前浙江
已发现的窑址有绍兴的九岩窑、王家娄窑、庙下窑，余姚的上林湖窑，吴兴的钱山
漾、摇铃山窑，金华的古方窑，温州的西山窑，处州的宝定窑、南山窑以及龙泉方

面的许多窑址①。1949 年以前陈万里多次调查龙泉窑、越窑等，并出版《瓷器与浙江》《越器图录》。1950 年以后陈万里继续关注越窑、龙泉窑，实际上在为完成《中国青瓷史略》积累资料。

　　唐代以前的越窑，从三国的孙吴以至西晋，出土遗物很多，尤其是冢墓中的明器，所谓粮食坛（谷仓罐）、五壶尊、各类洗、天鸡壶、多孔双耳罐、耳杯、兽盘、猪栏、蛤蟆水丞等，种类繁多。发现的窑址有萧山九岩窑、王家娄窑，绍兴庙前窑、古窑庵前窑等多处，都在越州区域内，统称越窑。唐代文人记载越窑甚多但面貌不清，1934 年浙江慈溪县鹤鸣场出土唐长庆三年（823 年）铭青瓷墓志，1936 年绍兴古城唐元和五年（810 年）户部侍郎北海王府君夫人墓唐出土青釉瓷器，唐会昌七年（847 年）刻划文字青釉划花残片等发现后，才确知唐代越窑的特征。唐以后的越窑，一般专指余姚的上林湖窑，从五代至北宋初，与文献记钱氏割据东南，大量烧造进贡的器物相符。

　　基于不断的出土遗物，说明越窑由秦汉、三国的孙吴，以致两晋、南朝，及于唐、五代，北宋，有一个逐步发展的过程，越窑的面目有了清晰的轮廓。但陈万里提出了值得进一步研究的问题：一是西晋墓葬越窑遗物丰富，说明越器传播地域广泛，除绍兴发现古代窑址外，可能不少地方有待于窑址的发现。二是绍兴出土越器，年代大体明确，但东晋之后的越窑尤其是宋、齐、梁、陈及隋，面貌仍不清楚。三是除萧山、绍兴、余姚等属于越州窑址外，同一时代的浙西地区烧造青瓷的窑址，如湖州钱山漾的摇铃山窑、德清窑、富阳窑也应属于越窑青瓷系统，需要进一步了解。据此，1954 年陈万里在浙江调查了以下窑址②。

　　（一）余姚上林湖窑。 民国时期遭到盗挖，调查在上林湖附近窑场的集中点在湖西岸的勤子山、沈家门前山（又名狗头山）等处展开（图 2.10），发现丰富标本，其中有云中双鹤、飞凤等纹饰及"太平戊寅"文字等；上澳（岙）湖附近的上西

①　陈万里、冯先铭：《故宫博物院十年来对古窑址的调查》，《故宫博物院院刊》1960 年总第 2 期，第104～126 页。

②　陈万里：《最近调查古代窑址所见》，《文物参考资料》1955 年第 8 期；收入《陈万里陶瓷考古文集》，第 199～202 页。陈万里：《1949～1959 年对于古代窑址的调查》，《文物》1959 年第 10 期；收入《陈万里陶瓷考古文集》，第 263～274 页。陈万里、冯先铭：《故宫博物院十年来对古窑址的调查》，《故宫博物院院刊》1960 年总第 2 期，第 104～126 页。

（四）村、上一村、碗窑山等处，都有碎片，但不甚多，胎骨较厚，青釉近灰，花纹多草率，似为古代民间日用器物。

图 2.10　上林湖勤子山窑遗址（采自《陈万里陶瓷考古文集》，第 182 页）

（二）温州西山窑。窑址集中在西山护国岭一带，一直从护国岭延展到吴岩头、包公殿等处，碎片堆积很多。器物内外划刻莲瓣纹的很多，尤以深口宽底的高腹碗，造型稳定美观，是西山窑的代表作品。其产品相当丰富，有葵瓣口的浅碗，有双系壶。唐代的代表器物是折边、宽底狭足，满釉的浅碗。推断窑址时代从魏晋南北朝以至唐代。市区之外，在罗浮乡的蒲垟、坦头、南澳、滩头、所里前山、兴国岭等处都有古窑址。蒲垟、坦头两处所烧碗、壶，淡青釉器多是黄色，短嘴、长柄壶属唐代风格。滩头、所里前山、兴国岭等处与坦头属同一系统。南澳属仿龙泉，时代在元明之间。

（三）萧山上董窑。窑址属萧山县戴村区振庭乡，碎片尽系青釉器，其中莲花纹瓣纹饰的碗、盘、天鸡壶最多，有带铺首的盘口壶及有规则的褐色斑的小碗等。刻划生辣刚劲的莲花瓣器物是其独特风格，上董窑时代为东晋至南朝。

陈万里认为"上董窑发现以后丰富了我们对浙江越窑的看法，其次也给了我们重要的一点启示，就是逐渐地可以明白分析出来每一件器物的烧造地点……因此，我更相信发现古代窑址所遗留下来堆积碎片，是可以解决许多问题的，哪怕是没有发掘，只是收集已经显露在地面上的碎片。"①

这时，陈万里已经认识到窑址调查的局限性，并常常希望对重要窑址或有悬而未决问题的窑址开展系统全面的调查或重点发掘。那么这一时期故宫有没有开展窑址考古发掘的机会呢？

① 陈万里：《最近调查古代窑址所见》，《文物参考资料》1955 年第 8 期；收入《陈万里陶瓷考古文集》，第 199～202 页。

1957 年 11 月 20 日，文化部文物事业管理局致函故宫博物院《通知上林湖遗址范围内兴修水库请考虑前往调查发掘》①，称"浙江余姚上林湖瓷窑遗址，为唐及五代越瓷之中心所在。现该处将兴修水库，有部分遗址将划入水库范围，可能会遭到破坏。除由浙江省文化局负责配合工程进行发掘外，请你院（故宫博物院）考虑是否可以派人前往调查或协助发掘。"11 月 22 日，故宫收到此信后，拟办人陈情建议"与陶研室联系，他们原拟明年去上林湖窑址调查，如今年有工程，现在去调查协助发掘更好。是否可去，呈原批示。"吴仲超院长当日批办："需了解水库修的时间，再做计划去。"从 1958 年 8 月 2 日冯先铭的签字"水库约 5 月底完工，完工前我组不拟前往，而于八月份调查时一并了解。"8 月 13 日朱余人的报告"据冯先铭同志称，此事未列入计划不去了"等资料看，故宫没有参与这次上林湖越窑发掘，放弃了难得的窑址考古发掘机会。

第七节　福建德化、广东潮州等窑址调查

1954 年 2 月 26 日，文化部社会文化事业管理局（国家文物局于 1954 年改称）致函故宫，并抄送中南区文化局潮州发现古代窑址报告，以供故宫陶瓷馆参考②。函的主要内容是：

> 1 月 21 日，广东省文物管理委员会商承祚称："……今天接粤东行署公事，谓去年（1953 年）七月三日潮州韩江中学建校舍掘出窑址一座，碎瓷累累，因不知重视，烧钵中很多器皿，都有意加以打破，后来为他们知道，并令该校停止建筑，候令处理，可是此事沉了半年多，……他们送来了四耳罐、小碗各一，都很完整，属于青瓷类。内中一块大碎片，为白瓷，似有粉质。还有烧罐一个，瓷釉及质好像比西村窑高些，这发现是了不起的，日间即派人前去调查一下。"

中南行政委员会文化局认为，这是初次发现广东省瓷窑址，可能与中国南部瓷业史关系很大，故请派专家前往调查，以便处理。吴仲超院长批示由陈万里提供意

---

① 故宫藏档案资料编号 Z195700412，《通知上林湖遗址范围内兴修水库请考虑前往调查发掘》。
② 故宫藏档案资料编号 19540006Z，《发现窑址问题》。

见。几乎同时，陈万里也接到商承祚教授告知潮州发现古代窑址的来信。信中说，商承祚于 2 月 17 日会同中南文化局顾铁符科长到潮州调查。除韩江师范有少数碎片，于附小附近散布甚多，及至三里外之山边则满地碎片，且露出洞口，或为古代烧窑遗址，无未可知。碎片中以青瓷为多云。1953 年陈万里曾得友人报告福建泉州城外以及南安县均有古代窑址的发现。为此，他提出：

　　查宋代泉州为我国重要对外交通港口，向以为青瓷只有龙泉作品，由明州（今之宁波）、泉州出口。今于闽南及粤东先后发现古代窑址，或与当时青瓷之输出有重要之关系。因此本人意见，以为第一，先必须尽量采集多该地碎片，明确其性质，鉴定其时代，最为必要。3 月 5 日吴仲超院长批示，请社管局函中南文化部转请广东文化管理局机关寄赠以上瓷片给故宫。陈万里也打算把潮州窑列入当年研究调查计划之内。

　　广东方面是否寄来潮州窑瓷片，目前难以得知。有资料显示，1953 年 4 月陈万里、冯先铭调查过广东广州的西村窑①。陈万里随后根据广州文管会报道，关注了西村窑。窑址在广州市西郊，土名皇帝岗，碎片及工具极多（图 2.11）。碎片中有凤头壶的头部，淡青釉的碗，外侧划莲花瓣的碎片，以及青釉划花碎片都很不少。亦有白釉器及种种玩具极为繁复②（图 2.12、2.13）。

　　1954 年商承祚发现潮州窑的来信，连同 1953 年泉州东门外发现古代窑址的消

图 2.11　广东西村窑（采自《陈万里陶瓷考古文集》，第 229 页）

---

① 故宫档案资料提及了这次调查活动，但没有此次窑址调查活动的详细资料，目前资料列出有此次调查。参见故宫博物院编，冯小琦主编《故宫博物院藏中国古代窑址标本·广东、海南（上、下）》，北京：故宫出版社，2019 年。

② 陈万里、冯先铭：《故宫博物院十年来对古窑址的调查》，《故宫博物院院刊》1960 年总第 2 期，第 104～126 页。

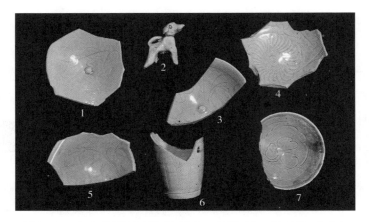

图 2.12　广东省西村窑瓷器标本，1955 年 4 月采集（采自
　　　　《近年发现的窑址出土中国陶瓷展（1949～1981）》，
　　　　出光美术馆，1982 年）

1、5. 青白瓷刻花碗；2. 青白瓷犬俑；3. 青白瓷划花碗；4. 青瓷刻花碗；6. 青白瓷刻划莲瓣纹杯；7. 青瓷划花碗

图 2.13　广东省西村窑瓷器标本，1955 年 4 月采集（采自
　　　　《近年发现的窑址出土中国陶瓷展（1949～1981）》）
　　　　1. 青瓷铁绘盘；2. 黑釉盏托；3. 黑釉瓜形盖

息，应该是故宫重视对外销瓷窑址的缘起。1955 年，故宫开始启动更为宏大的古瓷窑址调查活动。至迟在这一年 2 月之前，故宫成立了陶瓷研究室，时任室副主任陈万里在这年 2 月起草呈送院长的调查古代窑址计划①，提出"调查古代窑址，搜集地

---

① 故宫藏档案资料编号 19550131Z，《调查古代窑址》。

面上遗留的碎片，为认识文物鉴别文物一重要步骤，并且由此充实了研究中国陶瓷史的资料。因此本院对于这项工作，必须继续进行"。并列出了当时尚待调查的窑址有：广东省潮州、阳江等处，福建省泉州、德化、永吉等处，山东省德州、峄县及博山现在所烧土瓷，四川省邛崃、广元及烧酒坊现在所烧土瓷，河南省汲县、林县、汤阴、登封、伊阳及博爱等处，河北省临城瓷窑沟（可能为邢窑遗址）及唐山现在所烧土瓷，江西省吉安永和镇，江苏省宿迁等。明确工作重点是"先去闽粤两省调查，其重心在泉州、潮州两地，因该两处已得到确实消息，证明有许多碎片散在，初步了解像属青釉系统，调查目的，需要采集碎片、研究其烧造时代，它与越器的关系，以及此种青瓷有无对外贸易等等问题。"所拟进行调查之计划中，调查人员除冯先铭之外，还建议院里决定青年工作人员同去。此计划经唐兰①、冯先铭批示上报院里。这年2月9日，吴仲超同意了调查计划，但对哪位青年人同去似乎没有很快决定，而仍待考虑。这一方面说明，从培养年轻人才计，可见当时窑址调查在全院工作中的重要性。另一方面，故宫已经敏锐意识到窑址调查对于研究陶瓷外销问题的重要性。

　　1955年4月，陈万里在广东地方同志陪同下调查了广东潮州的水东窑和南郊、西郊、北郊等窑址②。1956年冬天，陈万里、冯先铭、李辉柄等对福建泉州（晋江）、德化、同安等窑址进行调查③。

　　（一）潮州水东窑④。潮州烧瓷见于文献记载很多，较重要的有三条：明嘉靖黄

①　唐兰（1901～1979年），浙江嘉兴人。号立厂，又作立庵，曾用名唐佩兰、唐景兰，曾用笔名曾鸣。著名历史学家、文字学家、金石学家、青铜器专家。1936年受聘为故宫博物院专门委员。1940年任西南联大中文系教授兼任联大中的北京大学文科研究所导师。1945～1949年，继续担任北大教授，代理中文系主任。1952年调入故宫博物院，曾先后任设计员、研究员、学术委员会主任、陈列部主任、美术史部主任、副院长等职，并兼任中国科学院历史研究所学术委员、北京史学会理事、市政协委员等社会职务。1953～1972年，唐兰数次将收藏铜器等文物捐献故宫博物院。

②　陈万里：《从几件瓷造像谈到广东潮州窑》，《文物参考资料》1957年第3期；收入《陈万里陶瓷考古文集》，第220～224页。

③　陈万里：《调查闽南古代窑址小记》，《文物参考资料》1957年第9期；收入《陈万里陶瓷考古文集》，第225～230页；陈万里《1949～1959年对于古代窑址的调查》，《文物》1959年第10期；收入《陈万里陶瓷考古文集》，第263～274页；陈万里、冯先铭：《故宫博物院十年来对古窑址的调查》，《故宫博物院院刊》1960年总第2期，第104～126页。

④　陈万里：《从几件瓷造像谈到广东潮州窑》，《文物参考资料》1957年第3期；收入《陈万里陶瓷考古文集》，第220～224页。《广东潮汕市郊发现宋代窑址》，《文物参考资料》1954年第5期。

佐《潮州府志》卷九记："长史庄典墓在韩山东白瓷窑山。"清《砚山斋杂记》卷四记："广东窑出潮州府，其器与饶器类。"《韩山志》："宋明人称韩山附近制陶地曰'白瓷窑'"。从这些片断记载，可以归确以下两点：第一，潮州窑窑址位于韩山东。

图2.14 潮州窑遗址（采自《陈万里陶瓷考古文集》，第173页）

第二，潮州窑烧制白瓷与类似江西景德镇窑的影青之类瓷器。实地调查的结果与以上文献里所记载的潮州窑的位置与烧制器物的特征一致。窑址在潮州市东门外，过了湘子桥的韩山上，有许多碎片证实此处是早年出土四尊佛像的所谓潮州水东窑的所在。碎片大体上可分为白釉、影青、黄釉及青釉等四种，每一种还有几个不同的类型。其中以白釉及影青两种为主。碎片窑具堆积极多（图2.14、2.15）。

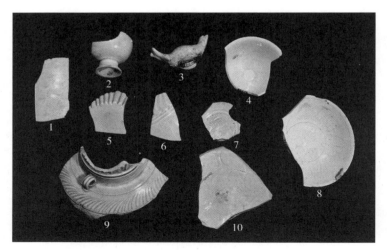

图2.15 广东省潮州窑瓷器标本，1955年4月采集（采自《近年发现的窑址出土中国陶瓷展（1949～1981）》）

1. 青白瓷划花水波纹器；2. 青白瓷杯；3. 青白瓷鸟形笛；4. 青白瓷划花碗；5. 青白瓷盒盖；6. 青白瓷印花莲花纹壶；7. 青白瓷印花碗；8. 青白瓷划花荷叶纹碗；9. 青白瓷刻花双耳壶；10. 青白瓷刻花碗

（二）晋江窑①。调查瓷灶窑、碗窑乡两处。瓷灶窑在泉州西门外西南约20里转入小道4里即是瓷灶镇，发现许山、宫仔山、蜘蛛山、尾庵等四处都有瓷片及窑具，见黑釉、青釉器物。推断烧造时间自宋至今未断。碗窑乡窑址在泉州东门东北约10里改走小道6里处，发现白釉、青釉、影青釉三种，推断时代为宋（图2.16）。

（三）德化窑②。调查新厂、屈斗宫、十排格、后所、龙祖宫等窑址。新厂，全系影青碎片，白釉微泛黄；屈斗宫，堆积碎片很多，以白釉洗形器为主，推断时代为宋（图2.17）。

图2.16　泉州的瓷灶镇许山上许多瓷片（采自《陈万里陶瓷考古文集》，第166页）

图2.17　屈斗宫古树下捡拾瓷片情况（采自《陈万里陶瓷考古文集》，第167页）

（四）同安窑③。调查许坑窑、新民乡窑两处。许坑窑，修建同安汀溪水库渠道工程时发现，属许坑村章厝山。器型以碗、小足杯为多，瓷片见青绿釉、灰黄釉、浅灰釉三种，划花纹饰有卷草、篦纹、篦点等。新民乡窑址距同安县城5公里，分布于大墩、

---

① 华东文物工作队福建组：《调查晋江德化等处古窑址》，《文物参考资料》1954年第5期。陈万里：《调查闽南古代窑址小记》，《文物参考资料》1957年第9期；收入《陈万里陶瓷考古文集》，第225～230页。

② 宋伯胤：《谈德化窑》，《文物参考资料》1955年第4期。陈万里：《调查闽南古代窑址小记》，《文物参考资料》1957年9期；收入《陈万里陶瓷考古文集》，第225～230页。

③ 陈万里：《调查闽南古代窑址小记》，《文物参考资料》1957年第9期；收入《陈万里陶瓷考古文集》，第225～230页。福建省文物管理委员会：《同安汀溪水库古瓷窑调查记》，《文物参考资料》1958年2期。黄汉杰、肖名俊、杨苍：《福建省最近发见的古代窑址》，《文物》1959年第6期。

桥头、寨仔内、山坪等处，器物以碗、碟为多，釉色见灰黄、灰青、浅灰等多种。

第八节　河南巩县窑、河北贾壁窑调查

　　故宫成立陶瓷研究室以后，根据陈万里 1955 年起草、经院里批示的窑址调查计划，1955 年 4 月，陈万里、冯先铭并约同山西文管会吴连城调查了河南鹤壁集窑①。1957 年 3 月，故宫第二次调查了河北曲阳县磁涧村、燕山村等地定窑遗址，6 月第二次调查陕西铜川县黄堡镇、陈炉镇耀州窑遗址②。

　　1957 年 7 月，冯先铭、李辉柄、郭仁调查了河南巩县窑址。巩县窑调查前的主要线索是收到了巩县瓷厂陈迹同志的来信，来信从采集标本推测是历史上悬而未决的后周柴窑，故宫的同志根据经验否定了地方上的推测，认为其属于北方青瓷系统可能与临汝窑有一定联系的窑址。计划调查临汝窑附带巩县窑，行程中正值洛河伊河涨水，公路淹没受阻，只得调查了巩县窑③。

图 2.18　黄冶唐三彩窑址保护碑

　　巩县窑位于县南黄冶河两侧，共发现小黄冶、铁匠炉及白河乡三处窑址（图 2.18、2.19）。碎片标本大致情况为，小黄冶以白釉为主，三彩、蓝彩夹有。铁匠炉村主要为白釉盘、碗之类。白河乡亦以烧制白釉为主，黄绿、单彩夹有。采集的标本中白釉的绝大部分是玉璧形底足的碗，碗身都较浅。属于罐类的，口部外卷，短颈，平底。三彩类和日常所见器物同属一个类型（图 2.20～2.23）。从这些特点看，可以肯定巩县

①　陈万里：《鹤壁集印象》，《文物参考资料》1957 年第 10 期；收入《陈万里陶瓷考古文集》，第 231～234 页。

②　陈万里、冯先铭：《故宫博物院十年来对古窑址的调查》，《故宫博物院院刊》1960 年总第 2 期，第 104～126 页。

③　故宫藏档案资料编号 19570045Z，《河北巩县古窑址调查记录》。

为唐代窑址。调查主要解决了两个问题，一个
是证实了古文献的记载，《元和郡县志》和
《新唐书》所记载的"开元中河南贡白瓷"，巩
县至少就是贡白瓷的产地之一。另一点是解决
了唐代蓝彩器皿的具体烧制地点，以往唐三彩器
皿在洛阳出土最多，可是多年来一直还没有发现
窑址，巩县调查后可以肯定，在丰富的传世唐三
彩器物中有一部分是属于巩县窑的产品①。

图 2.19　黄冶窑堆积状况

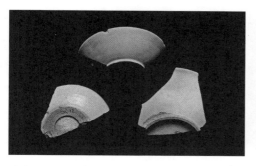

图 2.20　河南省巩县窑白瓷碗片，1957 年
采集（采自《近年发现的窑址出
土中国陶瓷展（1949～1981）》）

图 2.21　河南省巩县窑瓷器标本，1957 年
采集（采自《近年发现的窑址出
土中国陶瓷展（1949～1981）》）
　1. 黑釉水注；2. 黑釉瓶

图 2.22　河南省巩县窑绞胎枕片，1957 年
采集（采自《近年发现的窑址出
土中国陶瓷展（1949～1981）》）

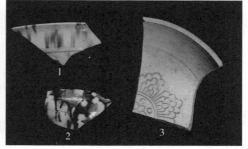

图 2.23　河南省巩县窑瓷器标本，1957 年
采集（采自《近年发现的窑址出
土中国陶瓷展（1949～1981）》）
　1. 白釉蓝彩碗；2. 三彩壶；3. 印花皿

---

① 冯先铭：《河南巩县古窑址调查记要》，《文物》1959 年第 3 期；收入《冯先铭中国古陶瓷论文集》，
　1987 年，第 145～147 页。

　　1959 年 6 月，陈万里、冯先铭调查了河北磁县贾壁村窑址①。调查的背景是应河北峰峰陶瓷研究所邀请，陈万里协助该所设计人民大会堂定烧陈设品式样。陈、冯二人前往彭城镇期间于 6 月 10 日调查了附近的磁县贾壁村和青碗窑两处窑址，参加调查的还有峰峰陶瓷所的叶广成和正在瓷厂带领学生实习的中央美术学院梅建鹰、梁任生。

　　贾壁村窑，在彭城镇西北 35 里，窑址在北贾壁村贾壁河西岸寺沟口内，碎片散布地点在寺沟口西约 70 米的沟北山坡上（图 2.24）。调查判断贾壁村窑是一个隋代青瓷窑，烧制的器物以碗为主，还有高足盘、钵形器等类器物。特点为胎体厚重，胎土多黑色斑点；釉以青褐色及淡青绿色为多，多有细小纹片，垂釉现象普遍，器身下部多聚有透明小球。隋代瓷器以往出土过很多，以河南安阳殷墟及山东曲阜两地为主要出土地。这些青瓷的窑口多年来未能判明，贾壁村窑调查结果初步解决了两地出土瓷器的具体烧制地点问题。

图 2.24　贾壁窑遗址（采自《陈万里陶瓷考古文集》，第 231 页）

第九节　小　结

　　综观这时期故宫的窑址调查有以下特点：

　　一是调查窑址数量占国内窑址调查比重很大。1950～1960 年故宫组织的窑址调查，计河南省（含原平原省）18 处，河北省 5 处，江西省 6 处，广东省 1 处，山西省 1 处，陕西省 2 处，浙江省 3 处，福建省 4 处，共 40 处②。同时期全国开展的窑址

①　故宫藏档案资料编号 19590477Z，《磁县贾壁村隋青瓷窑址初探》。冯先铭：《河北磁县贾壁村隋青瓷窑址初探》，《考古》1959 年第 10 期；收入《冯先铭中国古陶瓷论文集》，第 173～175 页。

②　陈万里、冯先铭：《故宫博物院十年来对古窑址的调查》，《故宫博物院院刊》1960 年总第 2 期，第 104～126 页。

调查，计江苏省 1 处，安徽省 1 处，浙江省 9 处，江西省 6 处，湖南省 3 处，四川省 6 处，福建省 31 处，广东省 8 处，河北省 6 处，山西省 2 处，河南省 17 处，陕西省 2 处。共计 92 处①。从数量上看，故宫调查窑址数量占全国调查窑址的 45%，是当时国内窑址调查的主导机构。

二是主要针对历史名窑的主动性调查。其中，河南、河北、陕西、江西等省的窑址基本上由故宫组织调查，这四个省份是汝窑、钧窑、定窑、磁州窑、耀州窑、景德镇窑等历史名窑的所在地。福建、河南、浙江等省的窑址调查数量最多，分别是 31 处、17 处、9 处。福建窑址的发现最多，由于鹰潭铁路、公路、水库的修建以及各地的文物普查。河南窑址的调查则完全是故宫派人调查。这也说明故宫窑址调查是以名窑为对象，以弄清藏品窑口为基本目的的主动性调查，地方各级文博机构组织的窑址调查则是以配合基本建设的抢救性调查。

三是窑址调查者主要有陈万里和技工杨忠礼，后来有冯先铭、李辉柄参加。由于国家文物局的支持，窑址调查得到相关省文物管理委员会、博物馆和窑址所在地区、县基层文化、文物部门同志的大力帮助，不少基层同志全程陪同调查。

四是窑址调查的主要方法是田野踏查，采集瓷片和窑具。窑址离县城路途遥远，往返不便，将采集标本长途运输至北京困难较大，较重的窑具采集相对较少。调查以采集瓷片标本为主要任务。在定窑的调查中已经注意到将分布面积较大窑址按区编号，记录不同区域采集的各种标本。窑址调查记录方式主要是记录调查日记、拍摄照片。

五是每个窑址调查的时间不长，短的不过一、两小时，长的不超过一天。故宫学者认识到重要窑址需做进一步系统调查、全面调查和试掘、发掘，但失去了参加上林湖越窑发掘的机会。

六是故宫窑址调查成果以调查报告形式上报并公开发表，间隔周期不长。报告分文献记载、窑址位置、地理环境，陶瓷标片及窑具，时代判断等若干内容。陶瓷标本一般按釉色分类，再报告各类器型、装饰纹样、文字等。

---

① 陈万里：《1949～1959 年对于古代窑址的调查》，《文物》1959 年第 10 期；收入《陈万里陶瓷考古文集》，第 263～274 页。

从 1949～1961 年全国"窑址的调查发掘和论述"发表资料来看①，这一时期共发表资料 117 篇。其中综述 3 篇，均由陈万里、冯先铭完成，反映出故宫学者对全国窑址调查与发掘整体状况的关注与掌握。按涉及窑址所在省区计，河北省 5 篇，其中为故宫学者的调查成果 4 篇。河南省 10 篇，其中故宫学者的 5 篇。江西省 11 篇，其中故宫学者的 1 篇。湖南省 6 篇，其中故宫学者的 1 篇。福建省 45 篇，其中故宫学者的 1 篇。广东省 13 篇，故宫学者的 1 篇。山西省 1 篇、内蒙古自治区 1 篇、陕西省 2 篇、江苏省 4 篇、安徽省 2 篇、浙江省 12 篇、四川省 7 篇。按涉及各省窑址资料比重来看，福建省最多，约占总数的 38.5%，其次为广东省、浙江省，分别占 11%、10%，再次为河南省，约占 8.5%。作者为故宫学者的 12 篇，约占总数的 13%，占河北、河南两省数量的一半以上。窑址调查资料发表数量的比例大体与窑址调查数量一致，也反映出这一时期故宫窑址调查与研究重点在河南、河北等北方省份。

通过这一时期工作的阶段性总结，故宫看到了下一步窑址调查的重点是河南省、江西省景德镇、浙江省、福建省和广东省等几个地区②。值得注意的是这一时期对古代窑址进行考古发掘已经在全国范围内开展，其中南方地区开展较早。1952 年考古工作者对广东省广州西村窑进行发掘③，1954 年广东省潮州笔架山窑址发掘④，1955 年四川省成都青羊宫窑址发掘⑤，1957 年广东省新会窑址发掘⑥，1958 年对陕西省铜川黄堡镇耀州窑遗址⑦、河北省磁县观台镇磁州窑遗址⑧、河南省临汝严和店窑址的发掘⑨，

① 中国社会科学院考古研究所图书资料室编：《中国考古学文献目录 1949～1966》，北京：文物出版社，第 273～280 页。

② 陈万里、冯先铭：《故宫博物院十年来对古窑址的调查》，《故宫博物院院刊》1960 年总第 2 期，第 104～126 页。

③ 广州市文物管理委员会：《广州西村古瓷窑址》，文物出版社，1958 年。广州市文物管理委员会：《广州西村窑》，香港中文大学中国考古艺术研究中心，1987 年。

④ 王在民：《广东潮汕市郊发现宋代窑址》，《文物参考资料》1955 年第 5 期。广东省博物馆《潮州笔架山宋代窑址发掘报告》，北京：文物出版社，1981 年。

⑤ 江学孔、陈建中：《成都市西郊青羊宫古窑址清理简报》，《文物参考资料》1956 年第 6 期。

⑥ 广东省文物管理委员会：《广东新会窑冲古代窑址》，《考古》1963 年第 4 期。

⑦ 陕西省考古研究所：《陕西铜川耀州窑》，北京：科学出版社，1963 年。

⑧ 河北省文物局文物工作队：《观台窑址发掘报告》，《文物》1959 年第 6 期。

⑨ 河南省文化局文物工作队：《汝窑址的调查与严和店的发掘》，《文物参考资料》1958 年第 10 期。

1960 年浙江省龙泉大窑古瓷窑址发掘①等是这项工作的标志。尽管这些窑址发掘工作多数是配合建设工程而开展，但毕竟是陶瓷考古的开始，故宫在这方面的工作没能紧跟时代的步伐。

---

① 牟永抗等：《龙泉大窑古瓷窑遗址发掘报告》，浙江省轻工业厅编写：《龙泉青瓷研究》，北京：文物出版社，1989 年；收入朱伯谦《揽翠集——朱伯谦陶瓷考古文集》，北京：科学出版社，2009 年，第 320～327 页。

第三章　故宫窑址调查的展开（1962～1980）

第一节　对唐宋北方民窑的继续关注

1962 年，故宫启动了新一轮的古窑址调查，调查已经完全成为服务故宫陶瓷研究展览工作的一项内容，这也表明故宫的窑址调查活动进入一个新阶段。

从陶瓷组这一年 4 月 11 日上报院里的计划①来看，古窑址的调查目标、学术任务、田野方法、人员分工十分明确，经费亦由故宫保障，程序也相对简洁。其调查目标是：

> 以山西、河南、河北三省唐宋古窑址为重点，目的在于进一步了解北方民间瓷品的发展、分布与相互影响，通过调查解决库藏品北方瓷器中窑别不明问题，从而在陶瓷馆改陈中充实陈列内容和增强科学性。

学术任务是：

> 1. 调查山西省榆次、平定、介休、长治四个窑，榆次、平定两窑除解决本身问题之外，并看重研究与河北定窑之间的关系。长治、介休两窑目的在于解决对河北河南磁州窑、汤阴窑、修武当阳峪窑的影响。
>
> 2. 调查河南省禹县、宝丰、鲁山、登封、修武、密县、宜阳七县唐宋古窑。禹县重点为扒村，宝丰、鲁山则研究其全貌，同时注意解决三窑所烧青釉的详细区别点，以解决在库藏品的最后确定。修武当阳峪重点采集代表作品，同时

---

① 故宫藏档案资料编号 19620530Z，《陶瓷组外出调查古窑址计划》。

注意其他品种的搜集。密县、登封、宜阳三窑则在于了解这三个窑的一般面貌。上述七窑除解决这些白瓷外，并通过调查研究它们烧瓷的上下限问题。

3. 调查河北省磁县，目的在于找到北方早期青瓷的窑址，1956 年曾调查过隋代青瓷窑，在其附近尚有二十处窑址北朝青釉印覆莲花居多，可能在磁县烧造，这是调查的主要目的。

调查方法包括：

1. 根据以往经验，此次调查重视前的调查研究工作，首先注意文献资料的归集，析阅三省有关各县的县志及详细地图，从只字片语及地名中找到线索，并结合新发表的材料集中进行研究，来确定调查地点与调查目的。

2. 到各省后首先与省博物馆文管会交换意见，记录对调查计划的意见。并参观馆会调查采集的标本及墓葬出土有关文物，然后进一步修订调查计划。

3. 到窑址时，开始进行前多向老农、地方干部与瓷厂老工人搜集线索，然后进行调查采集。对重点调查的窑址尽量做到细致全面，搞清烧瓷上下限，对于次要窑址则集中精力搞清主要内容。

4. 调查程序为先山西，后河南，最后河北。

附带任务是：

1. 全面了解山西省馆藏陶瓷器情况，以便根据实际需要选拔文物。

2. 参观三省出土文物。

3. 参观郑州洛阳考古所所出土文物，注意汉以前陶器部分，以便提出借陈名单商借，用以充实陶瓷馆藏第一室。

调查人以冯先铭、李辉柄为主，陈万里重点调查介休、榆次两窑。

时任副院长单士元①批示：

---

① 单士元（1907～1998 年），北京人。1933 年毕业于北京大学研究所国学门，曾任故宫博物院办事员、科员、编纂，中国营造学社编纂兼中法大学教授。新中国成立后，历任故宫博物院建筑研究室主任、副院长、研究员，长期致力于古代建筑、明清历史档案研究及文物研究和保护工作。为第五、六届全国政协委员。

　　同意此调查计划，这次只能作为重点调查，不可能所有问题一下都解决，同时陶瓷馆改陈任务较重！因此时间宜不超过一个月为好。

　　1962 年 4 月 24 日至 5 月，陈万里、冯先铭、叶喆民赴山西、河南调查了山西介休窑、山西榆次窑，河南密县窑、登封窑、修武当阳峪窑共五处窑址①。调查所获结果为：

　　（一）**山西介休窑**。山西省文管会曾于 1958 年进行过调查并发表过简报，曾初步推断它与河南修武当阳峪窑有关系②。烧瓷品种有白釉、黑釉和白地酱花等品种。从这次调查所获标本看，证实它与当阳峪窑之间确有关系，但由于地面标本不多，还不能判断明它们究竟谁影响谁。白釉有印花装饰，风格与定窑有一定渊源，陶范精细，胎釉洁白。但烧法与定窑不同，用支钉支烧，碗里多留有三个细小烧痕，白瓷有镂雕器皿。黑酱釉盘有细线条印花，青黄釉印花大盘有孩童荡船于莲池者，这种纹饰标本窑址采集较多，其他瓷窑尚未见过。黑酱釉及青黄釉印花器皿均属金代产品，里心多一圈刮釉，有损纹饰构图的完整性。白釉酱花装饰也富有自身特色，酱彩纹饰多高于釉面，扪之有凸出的感觉，酱花有呈橘红色者，色更艳丽，但数量极少。关于它的烧瓷上下限，知道早在晚唐时期已烧造白釉瓷器，一直历宋、元、明、清，以至现在仍在烧造黑釉器皿供应晋中邻近各县使用。窑址还遗留有大量明清以至民国时期器皿，烧瓷有八九百年历史，在山西比较少见。

　　（二）**山西榆次窑**。从采集标本的比重来分析，白釉印花占很大比例。这种装饰方法可以证实确与定窑有联系。但它的烧造方法及花纹则有其独特风格。此外还烧造青釉印花器皿，纹饰也很精细，但数量较白釉少，其烧瓷上限也早到晚唐，也历经宋、元、明、清未曾断烧，目前仍烧造粗瓷器。

　　（三）**河南密县窑**。发现西关及窑沟两处窑址。西关窑为唐宋时期遗址，调查推断唐代时盛烧白瓷及白釉绿彩壶、碗、罐等器皿，晚唐时仿照唐代金银器纹饰烧造珍珠地器皿，纹饰繁多，技法高妙。烧瓷品种有白釉，黄釉，青釉、黑釉及珍珠地

————————————

①　故宫藏档案资料编号 19620525Z，《陶瓷组外出调查古窑址计划》。冯先铭：《河南密县登封唐宋古窑址调查》，《文物》1964 年第 3 期；收入《冯先铭中国古陶瓷论文集》，第 149～158 页。

②　吴连城：《山西介休洪山镇宋代瓷窑址介绍》，《文物参考资料》1958 年第 10 期。

划花五种，珍珠地划花装饰宋代比较盛行（图 3.1～3.3），而西关窑五代时始采用这种装饰，比其他瓷器都早，窑址出土的五代鹌鹑纹枕具有唐代金银器遗风，可以看出珍珠地划花是从金银器脱胎而来的。窑沟窑以烧白釉为主，白地黑花标本遗留不少，瓶壶上画着简洁的花草纹，画图案纹饰的比较别致，可以说是窑沟窑的独特创作。

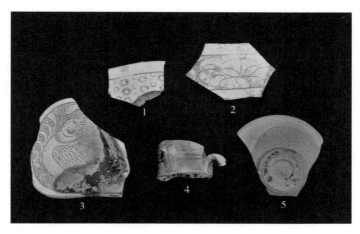

图 3.1　河南密县窑瓷器标本，1962 年 5 月采集（采自《近年发现的窑址出土中国陶瓷展（1949～1981）》）

1. 白釉划花枕；2. 白釉碗；3. 白釉划花珍珠纹枕；4. 黄釉壶；5. 白釉碗

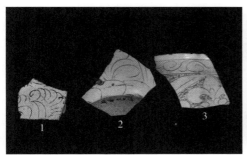

图 3.2　河南密县窑瓷器标本，1962 年 5 月采集（采自《近年发现的窑址出土中国陶瓷展（1949～1981）》）

1. 白釉划花碗；2. 白釉划花盘；3. 白釉划花壶

图 3.3　白釉划花鹦鹉纹枕，故宫博物院藏（采自《近年发现的窑址出土中国陶瓷展（1949～1981）》）

（四）登封窑。登封窑距密县较近，决定调查密县后顺道去登封，窑址在曲河。调查结果表明两窑有许多相似之处。如白釉碗的形、胎、釉几无区别。登封盛产珍珠地器皿，所占比重很大，但时代都是宋代，没有发现一片早期作品，而密县则发现了晚唐时期的标本及完整器皿，因此可以肯定登封之珍珠地是受密县影响。西关窑创烧的珍珠地划花，到宋代曲河窑得到了发展，窑址遗留40厘米以上大瓶及腰园式枕的碎片遍地皆是，瓶枕身上划刻着流利的纹饰，衬以大小匀称的珍珠地，起到了烘托纹饰的效果（图3.4、3.5）。登封窑创烧于晚唐，宋代为极盛时期以珍珠地及白釉为主，下限到元代。

图3.4　河南登封窑瓷器标本，1962 年采集（采自《近年
发现的窑址出土中国陶瓷展（1949～1981）》）
1. 白釉碗；2. 褐釉印花枕；3. 黑釉壶；4. 绿釉划花枕；5. 三彩
划花盘；6. 黄釉壶

图3.5　河南登封窑瓷器标本，1962 年采集（采自《近年
发现的窑址出土中国陶瓷展（1949～1981）》）
1、2. 白釉划花瓶；3、6. 白釉刻花柳斗纹碗；4. 白釉划花枕；
5. 白釉剔刻花壶

（五）修武当阳峪窑。调查时地面上标本很少，采集典型标本只有几片，但对它所烧的其他品种收集的稍多。

在调查中还落实调查窑址之外的其他任务。一是参观地方博物馆。陈万里、冯先铭、叶喆民三位先后参观山西省博物馆，河南省博物馆、郑州市文物陈列馆、密县文化馆、焦作市文化馆、太原市晋祠文物室，对地方馆藏陶瓷展品有了较多的认识。如：山西省博物馆所藏元青花大罐、宋黑釉刻花瓶与白釉黑花盒，以及晋南洪洞、垣曲出土之彩陶盆、罐；晋祠文物室所藏隋白釉双流鸡口壶与双龙耳瓶；河南省博物馆所藏北齐墓出土的三彩四系刻画莲花罐；郑州市文物室所藏唐珍珠地划鹦鹉纹枕等都是难得的珍品，今后拟设法进行交换。二是鉴定藏品。深入了解地方博物馆陶瓷藏品全貌，帮助做好分类保管工作。应山西省文管会邀请，对山西省博物馆库藏陶瓷器逐件进行了研讨。在河南省博物馆浏览了整个库藏，但只能就其中主要藏品代为评定。此外还对太原市晋祠文物室所有陶瓷藏品作了重点品评。认为地方的藏品不但数量不多而且极少佳作，颇出意料之外。提出这些地方很需要充实展品的内容加强阵地，如故宫能予支持一部分陶瓷展品，交换部分器物，不仅可以丰富地方馆藏，而且对于故宫陶瓷展品充实和科学研究工作将有很大好处。三是座谈报告。应山西省文管会之邀，由陈万里、冯先铭二人分别就"中国瓷器发展的几个方面"及"关于山西古窑出土瓷器"专题报告。冯先铭在河南省博物馆作了有关中国陶瓷常识的报告。

这次调查对故宫这一阶段的古窑址调查影响很大。首先，是进一步明确了制定古窑址调查的长远规划。当时确定了以浙江、河南两省为重点，但对河南省古窑址的复杂性了解得不够，通过这次调查对它有了新的估计。今后两三年内将以它为重点投入一定人力与时间，逐渐摸清整个情况，这将有助于研究北方陶瓷的发展。

其次，推动了馆藏古陶瓷的鉴定工作。经过整理采集的标本，初步认识了窑址产品概况，解决了个别珍藏品及故宫库房约40件藏品的具体窑口问题。如确认1件历代馆展出的宋珍珠地双虎瓶（珍品），4件库藏宋珍珠地各式枕，1件新收购宋柳斗罐，数件库藏唐宋白釉碗，1件库藏宋白釉瓜棱罐为登封窑产品。数件库藏唐宋白釉瓜棱罐为密县窑产品，2件库藏宋白釉印花碗为榆次窑产品。同时根据地方同志采集大同窑标本确定山西省博物馆展出3件大同宋墓出土碗，和故宫藏20余件宋白釉印花盘碗器物都是大同窑产品。

其三，认识到了窑址调查的局限性。调查者基于在修武县当阳峪窑调查情况，提出若能进行发掘，可能得到一些完整的精品。这也说明故宫的学者当时认识到了窑址调查的局限性，但未认识到窑址考古发掘的科学目的在于了解窑址的生产面貌和时代发展，而不仅是获得完整的瓷器以充实藏品。

第二节　配合展陈的汝窑、钧窑、磁州窑再调查

1962 年故宫计划调查的河南临汝、禹县与河北磁县古窑址，推迟到 1964 年才得以实施。起因是为配合"瓷器考古展览"，布展期间为征集展品及充实陈列内容，故宫于 1964 年 3、4 月间调查了以上三处窑址。3 月，故宫派冯先铭、叶喆民、方国锦、杜迺松四人，为时三周调查了临汝、郏县、禹县窑址。赴临汝县重点复查了 11 处窑址，禹县重点调查了神垕镇、扒村两处窑址。河南省文物工作队李景昌，临汝县委办公室王良钦、县文化馆阎同志和禹县文化馆曹子元也参加了调查。4 月，派李辉柄、姚万卿前往磁县，以邯郸市观台镇、东艾口村及磁县南部的冶子村为重点，进行了为时一个星期的调查，南响堂寺文物保管所李长云一起调查，并得到邯郸市陶瓷公司、陶瓷研究所的大力支持。《文物》杂志也为了配合展览在当年第八期组织"窑址调查"专号，经院领导批示以上三处窑址调查报告作为故宫的投稿，得以主要调查者个人署名发表①。这是目前看到汝窑、钧窑、磁州窑窑址调查的背景，鉴于三处窑址的重要性，故宫学者的发现与判断迄今仍影响着中外陶瓷学界的认识。

（一）临汝汝窑遗址②

重点复查了临汝县 11 处窑址。整理了严和店、大峪店两个窑区采集遗物，按遗物将严和店、轧花沟、下任村三处归为汝窑系窑址，蟒蚰山、桃木沟、陈沟、冈窑、东沟、陈家庄、黄窑、石板河八处为钧窑系窑址。

---

① 故宫藏档案资料编号 19640827Z，《为编写窑址调查报告请核示》。

② 冯先铭：《河南省临汝县宋代汝窑遗址调查》，《文物》1964 年第 8 期；收入《冯先铭中国古陶瓷论文集》，第 163～172 页。

严和店窑址采集 294 件标本，带印花刻花装饰的 250 件，光素无纹的 40 件，窑具 4 件。从器型看，绝大部分属于不同类型的盘、碗，罐、灯（即注）的数量很少，宋代瓷窑中习见的瓶、壶、枕等器皿绝少见到。碗分 5 式，盘分 3 式。轧花沟遗物不及严和店丰富，所烧瓷器种类与严和店完全相同。采集标本 54 件，印花刻花占十分之九，钧釉系标本较少。下任村采集碗、盘标本 81 件，器型纹饰与严和店相同，唯胎较薄，釉亦较美，多呈淡绿色，印纹也较清晰。三处遗址采集的 429 件标本中，印花刻花盘、碗标本占 360 件，其中印花达 333 件，占明显优势，刻简单纹线的 24 件，刻花者 3 件。可以明显看出这一窑区是以烧制带有花纹的盘、碗等器皿为主。印花标本绝大部分是凸起的阳纹，纹饰题材中花卉占绝对多数，又分缠枝花卉、折枝花卉、团菊纹、菊瓣纹；海水游、鱼纹占六分之一；禽鸟纹最少，只采集到莲鸭纹 3 件。

属于蟒川区的有蜈蚣山、桃木沟、陈沟、冈窑四处窑址。蜈蚣山窑址除匣钵、垫饼外，全部为钧窑系标本。遗址南 50 米处山脚下发现一处窑基，略呈圆形，窑墙以匣钵砌成。采集遗物 160 件，计有盘、碗、洗、碟、盆、瓶及插香器七类器皿。碗占比重最大，碗式比较单纯，分 3 式，盘分 2 式。从器型分析看，Ⅰ式碗盘及板沿洗均具有宋代特征，Ⅱ、Ⅲ式碗、Ⅱ式盘及板沿小碟均为习见元代典型式样，推测烧瓷时间当在宋元间。陈沟采集标本 43 件，绝大部分是碗，少数为板沿的碟，器胎粗厚，釉色有月白、灰蓝和灰黑色，有带红斑的。从器型上看，烧瓷年代当在元代。桃木沟采集到匣钵、垫饼及碎片 121 件，计碗 106 件、盘 7 件、碟 4 件及窑具 4 件。其烧瓷年代大致是元代。冈窑采集标本 50 件，器型以碗为主，另为板沿碟及窑具，形制质地特征与桃木沟相同，也为元代。

大峪店区有东沟、陈家庄、黄窑、石板河四处窑址。东沟窑址采集标本 155 件，有盘、碗、杯、洗、碟、罐等 6 种器皿。陈家庄采集标本 93 件，碗占三分之二，盘、板沿碟及碟各占三分之一。黄窑窑址 140 件绝大部分是碗，也有板沿碟，时代为元。石板河采集 91 件标本，全是碗的残片，具有元代风格。

调查者冯先铭认为汝窑有两部分构成，一部分是专为宫廷烧制的瓷器，一部分是为民间烧制的瓷器，称之为临汝窑，是汝窑的主要部分。临汝窑受耀州窑影响，既有联系又有区别，印花青瓷在汝窑民窑即临汝窑生产中居于主流地位。并且以调查资料为基础，提出宋代北方形成了定窑系、耀州窑系、钧窑系和磁州窑系，不仅影响北方，而且波及江南。认为钧窑系与耀州窑系同时并行，也就是说钧釉带红斑与汝窑青瓷是同一时期的产物，而耀州窑系没落以后，钧窑系还继续延续下去。

（二）禹县钧窑、扒村窑①

对禹县神垕镇刘家门、刘家沟，下白峪的苗家门、张庄，上白峪笼盆地等钧窑址，利用五天时间进行了普查或重点钻探。刘家门窑址所烧器物品种较多，水平也最高。采集残片有盘、碗、盆、碟、罐、盒、炉等早期器物，釉质细润，釉色以天青为主，也有少数葱绿、月白和带红斑的，器底均挂满釉。晚期制品只有直沿盘、板沿唇口盘和墩式浅碗、瓜棱碗数种，以灰蓝、灰绿和灰白色较多，釉质较粗，多有棕眼，外部施釉不到底。其中盘分 4 式。也烧白底黑花器物，有盘、碗、盆、罐、盒、瓶等残片，造型与纹饰近似扒村窑。刘家沟窑址见盘、碗、洗三种，里外均施满釉。下白峪苗家门窑址钧釉器型只有碗、盘、碟三种，釉色、工艺特征也可分早晚；也有白地黑花残片，与刘家门相似。下白峪张庄窑址以钧釉大碗和中型碗、碟、炉较多，施釉不到底，器（底）心多无釉。有天蓝、灰蓝、灰绿等色的橘皮釉，个别带红斑，胎质较粗而土色较白。时代较早的中、小型碗及折沿碟，有天青、豆青两种釉色，胎质细密，底部露胎处有"芝麻酱釉"特征。下白峪笼盆地窑址的直沿盘和中型碗底内均施满釉，釉色呈灰青、灰绿色。大型碗制作更粗，皆施半截釉，釉色灰绿且薄。也有白地黑花碗、盆及黑釉器物。

钧瓷窑炉为北方习见半倒焰式窑，窑具有匣钵、渣（垫）饼，使用燃料除煤外，也用柴。以素烧半成品推测钧窑瓷器多是两次烧成。认为钧窑与郏县黄道窑的"唐钧"黑釉蓝斑残片有关系，进而从窑址或传世器物推断早于金代的北宋钧窑存在，其上下限为北宋至元。钧釉瓷器分布地区以禹县神垕镇为中心，早期以禹县制品最精，临汝、郏县次之。登封、新安、汤阴、安阳、磁县等都烧过钧釉，多系元代之物。

禹县扒村窑，主要在扒村附近老寨、边家坟、王家坟、瓦窑沟、猫耳朵地一带，进行三天调查。地面上的残片可分白釉、白底绘黑花、白底划花、黑釉、黑釉突弦纹、翠青地绘黑花、翠青地印花、红褐地绘黑花、绿釉、黄釉、宋三彩、宋加彩、黑白釉及加彩玩具，钧釉及青釉等 13 类。其中白釉碗分 6 式，盘 1 种，其他瓶、壶、

① 叶喆民：《河南禹县古窑址调查记略》，《文物》1964 年第 8 期。

盆、罐无法复原。白底黑花以碗、盆最多，其次为瓶、枕。钧釉残片不多，釉色有天青、灰青、灰绿等色，施釉不到底，胎质坚硬呈灰白色，可能时代较晚。窑具有匣钵、支具、渣（垫）饼、垫圈数种。推测扒村窑是受修武、汤阴、密县，特别是磁州窑影响较多，上下限约在宋、元数百年间。

（三）磁州窑[①]

调查以邯郸市观台镇、东艾口村及磁县南部的冶子村为重点。

观台镇遗址的范围很大，烧造器物种类很多，有白釉、青白釉、黑釉、酱釉等单色釉，还有白地绘黑花、白地绘划黑花、绿地黑花、白地绘划酱花、白釉剔花、白釉划花、褐色点彩、绿彩、珍珠地及三彩器物等十多种。其中以白釉、黑釉为最多，白釉划花也不少，珍珠地的器物比较少。三彩器有绿釉、黄釉、黄褐绿三彩等多种。其中以黄釉、绿釉的器物较多，绿彩的器物较少。白釉有盘、碗、罐、瓶、水盂、印盒、各种玩具等，盘、碗数量最多。盘有 5 种形式、碗有 16 种形式。黑釉有碗、壶、瓶、罐、玩具等，碗有 4 种形式，罐有 2 种形式。白地绘黑花标本采集不多，器型以各种罐为多，枕和其他器物少见。装饰题材多为卷枝纹、片叶纹，也有凤凰、蝴蝶之类，都绘在器物上半部。白地绘划黑花，采集标本 9 件，其中瓶 7 件，枕面 1 件，盘底 1 件，这类器物制作非常精致，是磁州窑最具代表性的作品（图 3.6～3.8）。

冶子村遗址烧制的器物有白釉、黑釉、白釉划花、白釉刻花、白地绘黑花等。其中以白釉器物为最多，白釉划花次之，白地黑花的器物很少。白釉有碗、盘、盆，其中碗为最多，分 9 种形式，盘有 2 种形式。

东艾口村遗址采集遗物分白釉、白地绘酱花、白地绘黑花三类。白釉器物多为各式盘、碗。碗有 8 种形式，盘有 2 种形式。白地绘黑花采集较多，其中绝大多数为枕头残片，枕有 3 种形式，有"张家造"字样款也采集到 20 余件残片，字款分横竖两种，均为楷书阳文戳记（图 3.9）。罐有 3 种形式。

以上三处窑址在烧造技术与艺术风格上大体相同。观台的白地绘划黑花、白地绘划酱花、绿地黑花、白釉剔花以及珍珠地划花等在其他两个遗址中都未发现，而这些器物都代表了磁州窑的最高水平。调查初步搞清楚了磁州窑面貌与邻近诸窑的

① 李辉柄：《磁州窑遗址调查》，《文物》1964 年第 8 期；收入《李辉柄陶瓷论集》，北京：故宫出版社，2013 年，第 5～22 页。

关系，推断磁州窑遗址的烧造时限为北宋到元代。

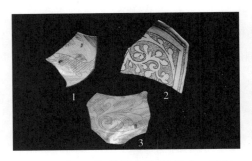

图3.6　河北省磁州窑瓷器标本，1964
　　　年4月采集（采自《近年发现的
　　　窑址出土中国陶瓷展（1949～
　　　1981）》）

1. 白釉刻花鱼纹碗；2. 白釉划花枕；3. 白釉
刻花碗

图3.7　河北省磁州窑瓷器标本，1964年
　　　4月采集（采自《近年发现的窑
　　　址出土中国陶瓷展（1949～
　　　1981）》）

1. 绿釉黑花枕；2. 白釉加彩俑；3. 三彩枕

图3.8　河北省磁州窑白釉黑花鹭纹枕
　　　片，1964年4月采集（采自
　　　《近年发现的窑址出土中国陶瓷
　　　展（1949～1981）》）

图3.9　河北省磁州窑"张家造"铭枕
　　　片，1964年4月采集（采自
　　　《近年发现的窑址出土中国陶瓷
　　　展（1949～1981）》）

第三节　发掘保护背景下的德化窑、宜兴窑调查

　　1976年6～7月，受国家文物局指派和故宫安排，李辉柄、李纪贤两位同志赴福
建德化屈斗宫窑址、江苏宜兴涧㳠窑调查①。

———————————

① 故宫藏档案资料编号19760218Z，《调查德化宜兴两地古窑址发掘情况的汇报》。

德化屈斗宫窑由福建省博物馆、厦门大学考古专业的教师和工农兵学员，还有晋江地区文化局和所属各县文化馆的同志联合发掘。屈斗宫窑址在德化县城东 1 公里，位于当时红旗瓷厂的侧面。窑炉基址长约 57 米，宽为 2.5～2.8 米。窑头以北破坏，窑尾保存完好，顺山坡而下，方向坐北朝南稍偏东。由于窑基东西两边碎片堆积较高，致使窑炉基址形成一条沟状。

关于窑址的时代问题，领导小组成员看法很不一致。有几种不同意见：福建省博物馆和上海博物馆的同志认为窑的时代为元代。理由是从烧制器物如高足杯、旋纹洗、类似墩子式碗等的特征上看是属于元代的典型器物。厦门大学的同志认为窑的时代为南宋。理由是烧制器物的釉色多为影青色，南宋时代最为流行，从造型上看器物均为平底足，是有较早的作风。当地的同志认为上述意见都有一定道理，其时代应为宋、元之际，即宋末元初较为合适。还有少数同志认为是北宋或更早期。

故宫同志参观德化屈斗宫发掘现场，观摩出土瓷器标本，特别对窑基的出土瓷器与文化堆积层大量器物标本作了对比，发现两个较为重要的问题。第一是窑基内出土的器物与窑具在文化堆积层中大量存在，而文化堆积层中大量存在的一种覆烧芒口碗和支圈窑具却在窑具内未被发现。第二个是文化层的上下两层堆积所出土的器物基本相同。

故宫同志提醒注意以上现象对于正确鉴定窑址的时代有着直接的关系。提出窑址的时代应当与遗址时代相同，有它的时代的上限和下限，即开始建窑的时代与弃窑的时代。因此窑基的出土的器物与窑具的时代应当是弃窑的时代，是窑的时代下限。根据窑址内出土的器物有高足杯、弦纹洗（俗称枢府型）、铜锣洗、墩子式碗等品种，都是元代较为典型的器物，其时代应为元代。除此之外还出土几件上有"丁未"年号字样的窑具，可作为时代的依据。经查元代有两个"丁未"年，第一个是元大德十一年（1307 年），第二个"丁未"年是至正二十七年（1367 年）。如把元代将近 90 年的时间具体划为早、中、晚三期的话，大德十一年就是元代前 30 年的最末一年，属于元早期，至正二十七年（1367 年）就是元代最末的前一年，属于晚期。根据器物特征以及"丁未"年号字款，认为窑址实物下限应当是元代早期大德十一年（1307 年）。

故宫的同志认识到，确定窑址的上限时代，要从文化堆积层中看是否有早于窑炉基址的器物。基于文化堆积层中大量存在的一种覆烧芒口碗及支圈窑具在窑内未被发现，这一现象说明此种芒口碗及支圈窑具应当早于窑基出土的器物。另外从瓷器烧造方法的演变规律上看，覆烧方法大量流行于南宋时代。此法首先为河北定窑所创造，南宋时传到江西景德镇，因此，景德镇这时期大量烧制芒口影青瓷碗。德化屈斗宫芒口瓷碗，不仅烧造方法来自景德镇，而且在造型上也与景德镇窑的影青芒口碗相同，所以此类芒口碗及支圈窑具的时代应当早于元代，而属于南宋时代。根据上述分析，推定屈斗宫窑时代为南宋到元。

关于如何保护窑址，大家认为德化烧瓷历史悠久，现有两个国营瓷厂、多家社办、队办瓷厂，现代瓷业发展状况良好，保护窑址对宣传德化瓷的历史具有重要意义。窑址离县城近，窑址保护与基本建设没有矛盾，便于接待国内外专家参观。

关于长期保护方案，有的提出建设一个陈列馆，展示地层和出土标本，需要国家与省文物局拨款建设。故宫的同志建议从简保护，具体做法是将现有发现窑炉遗址四周展览，通过建设走道，挖好排水沟，上盖保护棚瓦顶，四周安装铁丝网，实现封闭管理，便于游客参观。

李辉柄、李纪贤还调查了德化县城附近的11处窑址，其中城东8处，城西3处，采集了8箱标本（图3.10～3.12）。

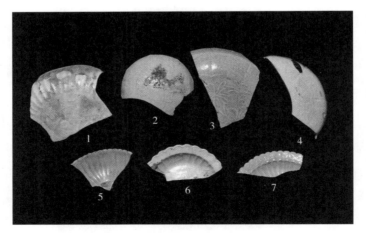

图3.10　福建省德化窑瓷器标本，1979年6月采集（采自《近年发现的窑址出土中国陶瓷展（1949～1981）》）
1. 青白瓷印花牡丹纹盒盖；2、3. 青白瓷印花荷花纹盒盖；4. 青白瓷印花盒盖；5～7. 青白瓷印花菊花碗

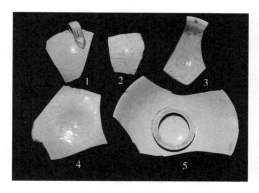

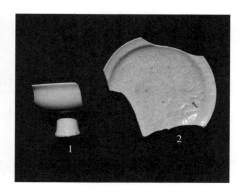

图 3.11　福建省德化窑瓷器标本，1979 年 6 月
　　　　采集（采自《近年发现的窑址出土中
　　　　国陶瓷展（1949～1981）》）
1. 青白瓷划花双耳壶；2. 青白瓷刻划花壶；3、5. 青
白瓷刻划花碗；4. 青白瓷刻划花鱼纹盘

图 3.12　福建省德化窑瓷器标本，
　　　　1979 年 6 月采集（采自
　　　　《近年发现的窑址出土中国
　　　　陶瓷展（1949～1981）》）
1. 青白瓷杯；2. 青白瓷印花盘

　　从德化县文化馆征集 2 件较完整宋、元德化窑瓷器，充实故宫陶瓷馆陈列。另
征集到青花瓷器，作为研究我国西沙群岛及东非国家出土的青花窑口问题的实物。
在离开德化回福州路经泉州和莆田县停留期间，参观泉州宋代古船出土瓷器，调查
泉州磁灶窑址、莆田庄边窑址。

　　江苏宜兴县的丁山镇涧纵窑，位于一处长、宽约 40 多米，2 米高的台地上，台
地周围都是农田，台地为涧纵大队的一个打谷场，未发掘以前是社员的自留地，并
有一间工具房。窑址为南京博物院、南京大学、宜兴陶瓷公司普查时发现。由南京
博物院考古部开展发掘工作，发现窑炉遗址残长 28 米，窑头保存完好，窑尾部分也
被破坏，窑的中部被两座宋代清代墓葬打破。当时窑头与窑尾的发掘工作已经完成，
窑炉中部尚未发掘。参加发掘同志认为该遗址为唐代青瓷窑遗存，烧制器物以洗居
多，也有平底碗，还有灯盏与四系罐等。釉色均黄色，施半釉，釉层较薄，有似湖
南唐代岳州窑的釉色。从器物造型特征及釉色上看，推断时代为唐代。

　　故宫同志与参加发掘人员一同研究了窑址时代与保护办法，大家一致认为对窑
址采取保护措施。涧纵窑是江苏第一次发现唐代窑炉遗迹，对研究宜兴制瓷业历史
具有重要价值。遗址距丁山镇较近，临近现代精陶厂，占地面积不大，投资也不多。
宜兴陶瓷公司希望该窑址列入省级文物保护单位，克服资金困难，作为筹建宜兴陶
瓷馆的实地参观点。

李辉柄、李纪贤此行还调查了丁山均山窑等3处青瓷窑址。

第四节　编写陶瓷史背景下的山东淄博窑调查

1975年12月，中国硅酸盐学会召集全国陶瓷发展史编写工作会议，此后各省市进行各地方陶瓷史的编写工作，并普遍开展古代瓷窑的调查与重点发掘。新中国成立以来，各省多陆续发现了古瓷窑遗址，山东省一度为华北地区发现瓷窑遗址最少的省份。1976年12月，故宫的冯先铭、叶喆民与中国硅酸盐学会《中国陶瓷史》办公室同志一道赴山东考察淄博窑，了解山东省陶瓷史编写进度和淄博地区古瓷窑遗址发掘情况①。当时经过两次普查，淄博地区共发现了寨里、万山、坡地、磁村等处瓷窑遗址。

（一）寨里窑址。窑址采集标本大部分属于北方青瓷，釉色有青釉、黄釉及少数青褐釉。器物以平底碗为主，也有少量瓶、盘等器物。标本器型与北方北朝墓出土的青瓷相近。如其中青瓷瓶与河北景县封氏墓出土青釉瓶相似，黄釉碗的釉、形特征与北京郊区北朝墓出土的大碗基本相同；平底碗与山西太原北齐墓出土碗更为接近。基于上述对比，认为寨里窑址的上限定为北齐比较确切②。寨里窑是新中国成立以来发现的第一个北朝青瓷窑址，为了解北方早期青瓷窑址的制瓷工艺提供了实物证据，有利于解决了部分墓葬出土青瓷的具体烧造地点，对深入研究北方青瓷的生产、传播具有一定价值。

（二）磁村窑。窑址范围南北长2公里，分为南北二区。北区发掘清理出窑炉15座，南区清理窑炉2座。除南区一座为汉代瓦窑外，其余16座均为宋代窑炉，发掘所得标本遗物十分丰富。磁村窑具有北方地区瓷窑特点。唐代主要烧黑釉，白釉次之，也有少量茶叶末釉及黑青釉，产品与河南巩县窑类似。宋代以白釉为主，普遍施化妆土，特征与河北磁州窑、河南登封窑比较接近。白釉有篦划纹碗，特征与磁州窑、汤阴鹤

---

① 故宫藏档案资料编号1976029Z，《去山东淄博市座谈古窑址有关问题的汇报》。

② 窑址发掘简报把寨里窑址上下限定为北魏到隋。根据窑具上工匠刻字字体为"标准魏碑体"而定为北魏，标本中未发现隋代的典型器物，如高足盘、旋纹装饰及深沿小平足碗等。冯先铭、叶喆民对此窑年代判断表示怀疑。见故宫藏档案资料编号19760219Z，《去山东淄博市座谈古窑址有关问题的汇报》。

壁集窑相似，但叠烧法不同，碗心划掉一圈釉为其特色。此外还有少量的剔花、宋红绿彩、绞胎等品种（图3.13）。磁村窑上下限为唐宋时期，属磁州窑类型，受河北磁州窑影响较多，受定窑影响较少。磁村窑发现的宋代16座窑炉中，烧柴的有14座，烧煤的2座。对进一步研究北方瓷窑开始以煤作燃料的时间提供了新资料。

图3.13　山东省淄博窑瓷器标本，1976年出土（采自《近年发现的窑址出土中国陶瓷展（1949～1981）》）

1、2. 黑釉碗；3. 白釉绿彩碗；4. 黑釉堆线纹壶；5. 黑釉锈花壶；6. 白釉划花碗；7～9. 白地黑花盆

（三）坡地窑。也属磁州窑类型，除烧黑、白瓷外，以白地绘黑花标本较多。器型比较单纯，以折沿大盆最多，风格与河南汤阴鹤壁集、禹县扒村、郏县黑虎洞等窑产品相似。但纹饰较为简单。出土标本中还有少量剔划花瓷片，与磁州、当阳峪等窑产品相似，制作较粗。推断其烧窑时间为宋元两代，较磁村窑晚。

第五节　山西浑源窑、河南鲁山窑调查

山西省为我国北方重点产瓷区，产瓷见于历代文献的有三十几个县，截至20世纪60年代，山西省仅发现和报道了几处窑址。1977年5月，故宫的冯先铭、叶喆民会同山西文管会的水既生同志，先后调查了介休、临汾、霍县、怀仁、大同及浑源六个县十几处窑址。其中浑源窑址遗物丰富，创烧年代较早，延续时间较长，品种及质量也较好，具有雁北地区特色，为山西省重点古窑址之一。根据地方文献的线索，参考浑源县测绘地图，调查先去古磁窑，次及大磁窑和青磁窑。在古磁窑发现大量唐代标本，大磁窑与青磁窑同属金、元时代①。

（一）古磁窑。遗址在青磁窑遗址西北约3公里，遗址面积不大，堆积比较集中，遗物以碗为主，有多种型式。有白釉及黑褐釉两种，白釉占多数，也有碗里施白釉，碗外施黑褐釉者。胎体较厚重，具有典型的唐代特征，碗身较浅，底有平底、玉璧底及圈足三种；平底及圈足施釉不到底，露胎，白釉与黑褐釉玉璧底碗的底心均施釉，胎呈浅灰白色，胎釉之间有白色化妆土，以增加釉的白度。除碗外，还有多式唇口小罐，釉黑褐及茶叶末两种。还发现一研磨器，外部施黑褐釉。

（二）大磁窑与青磁窑。由浑源县南行6公里至磁窑峡，10公里至大磁窑。大磁窑与青磁窑相距不远，所烧器物时代、品种大体相同。两窑所烧瓷器以白釉和黑釉所占比重最大。白釉多呈牙黄色，白釉器物分光素与带装饰两大类，光素的为各式盘碗，带装饰的分为6种：白釉划花器物有碗、盘、盆、罐、瓮，枕等器，碗、盘、盆等纹饰在器内，瓮、罐及枕等纹饰在器物外部。碗有大小高矮数式，均撇口。白釉剔花器物以罐为主，纹饰均在外肩至腹部，一般剔刻二至三层纹饰，曲带纹上下分别剔以缠枝花叶纹。白釉剔划花器物有碗、罐和瓮，纹饰在器内或器外，剔去部位胎均呈浅咖啡色。另有白釉印花、白釉贴花、白釉绘花。除白釉外，黑釉标本也较多，有罐，枕、盒等器类，以各式罐为多（图3.14、3.15）。此外，尚有钧釉，采集天蓝釉碗标本数片，有两片与匣钵连在一起。

河南省鲁山窑为1951年故宫派陈万里调查汝窑时发现，曾被列为宋代磁州窑系。唐人南卓《羯鼓录》记"不是青州石末，即是鲁山花鼓"。为弄清鲁山窑的烧造历史和各时代产品特征，1977年故宫李辉柄、李知宴和河南博物院的王雨刚一起赴鲁山段店窑调查②。

段店窑距河南省鲁山县城10公里，在城北梁洼公社的段店村，整个村庄全压在窑址上，主要堆积在村西的西边和北边，堆积层一般厚2～3米，厚的达4～5米，窑

①　冯先铭：《山西浑源窑古窑址调查》，文物编辑委员会编：《中国古代窑址调查发掘报告集》，北京：文物出版社，1984年，第416～421页。
②　李辉柄、李知宴：《河南鲁山段店窑》，《文物》1980年第5期，收入《李辉柄陶瓷论集》，第55～65页。

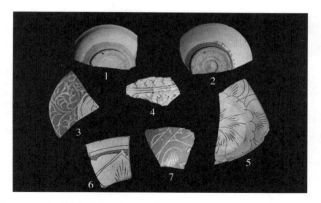

图 3. 14　山西省浑源窑瓷器标本，1977 年 5 月采集（采自《近
年发现的窑址出土中国陶瓷展（1949～1981）》）

1、2. 白釉碗；3. 白釉剔花枕；4. 白釉印花枕；5. 白釉划花碗；6. 白
釉剔花碗；7. 褐釉划花壶

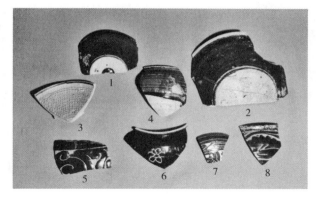

图 3. 15　山西省浑源窑瓷器标本，1977 年 5 月采集（采自《近
年发现的窑址出土中国陶瓷展（1949～1981）》）

1、2. 黑釉碗；3. 黑釉研磨钵；4. 黑釉席纹壶；5、6、8. 黑釉剔花壶；
7. 黑釉剔花盖

址面积东西约 250 米，南北约 200 米。陶瓷品种分黑釉花斑、钧釉、青釉、白釉、黑
釉、酱釉、三彩陶器等 7 类，另有匣钵、垫圈、垫饼、支托和三叉支钉等窑具（图
3. 16～3. 18）。黑釉花斑瓷采集 30 多个标本，器型有缸、罐、瓶、腰鼓等，其中缸有
3 种，罐分 4 式，腰鼓标本发现 5 件。钧釉质量很高，采集 4 个碗、5 个瓶、1 个瓶，
碗分大、中、小 3 种。青釉比例小，是该窑的高档产品，碗分 6 式，盘分 3 式，另有
枕残片。白釉数量很大，器型有碗、盘、壶、罐、钵、灯、杯、盏、枕等。其中碗
分 7 式，壶 2 式、罐 5 式、钵 3 式、盆 1 式，枕发现 3 个个体。白釉装饰纹样有多

图3.16　河南省鲁山窑花瓷腰鼓片，1977 年 4 月采集（采自《近年发现的窑址出土中国陶瓷展（1949～1981）》）

图3.17　河南省鲁山窑瓷器标本，1977 年 4 月采集（采自《近年发现的窑址出土中国陶瓷展（1949～1981）》）

1. 黑釉堆线纹盖；2. 三彩兽头纹枕；3. 绿釉划花香炉；4. 绿釉划花枕

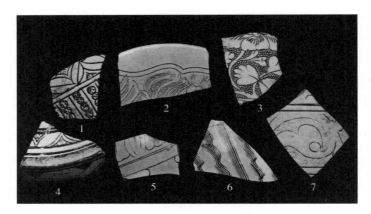

图3.18　河南省鲁山窑瓷器标本，1977 年 4 月采集（采自《近年发现的窑址出土中国陶瓷展（1949～1981）》）

1、3. 白釉珍珠底划花瓶；2. 白釉划花枕；4. 白地黑花枕；5～7. 白釉划花瓶

种。黑釉占整个产品半数以上，器型有罐、壶、瓶、碗、盘、盖等，其中碗分 9 式，盘 3 式。酱釉数量较少，主要器型有碗、盘、钵、水盂、瓶、罐、器盖等，还有玩具、小型人物俑等。三彩器型有瓶、灯、枕、小马等。主要收获是解开了唐代腰鼓和鲁山花瓷之谜（图 3.19）；认为鲁山花瓷的生产时间从唐中期开始，整个制瓷业在晚唐五代发展相对迅速，宋代是兴盛时期，金代继续生产，元代接近晚期。通过调查认识到段店窑与邻近诸窑的关系，认为花瓷影响了钧釉的产生，瓷器生产与河南中西部窑场生产上有许多共同性，应存在相互的技艺交流。

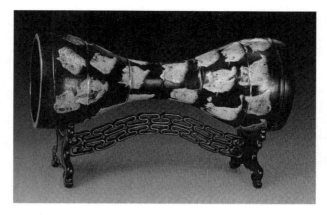

图 3.19 花瓷腰鼓，长 58.9、鼓面径 22.2 厘米，故宫博物院藏（采自故宫博物院编，冯晓琦主编：《故宫博物院藏中国古代窑址标本·河南（上）》，北京：故宫出版社，2013 年，第 159 页）

第六节 浙江、福建、广东等地外销瓷窑址调查

20 世纪上半叶，致力于海外中国瓷器收集的韩槐准于 1960 年出版《南洋遗留的中国古外销陶瓷》①，成为海内外研究中国古代外销瓷器的代表人物。韩槐准是侨居新加坡多年的华侨，1962 年归国后曾两次将自己收藏的二三百件宋、元、明、清瓷器捐献给国家。1964 年 1 月，时为中央文史馆馆员、北京故宫博物院陶瓷研究顾问的韩槐准致信文化部沈雁冰部长，提出了 3 月拟去广州、潮州、永安、阴江、合浦、澄迈、临高等地进行窑址考察。鉴于韩先生当时已经 70 多岁，文化部专门致函广东省文化局在各方面予以照顾。广东方面回复故宫，拟由广东省博物馆蔡语屯馆长和曾广亿陪同作好接待。计划 3 月下旬赴粤考察②。因目前未查到更多档案和后续资料，尚不得知此次调查是否成行。但可以明确地看到，故宫这一时期重视浙江、福建、广东等地外销瓷窑址调查，为开展相关研究积累资料。

---

① 韩槐准：《南洋遗留的中国古外销陶瓷》，新加坡青年书局，1960 年。

② 故宫藏档案资料编号 19640857Z，《主致广东省文化局考虑韩于西同志陪同韩准槐考查窑址等问题》；编号 19640858Z，《主致广东省文化局关于韩准槐考查你省古窑址等问题》；编号 19640859Z，《复拟请韩槐准先生推迟来我省考查古窑址日期》。

（一）　浙江鄞县窑

　　1958 年浙江省文物管理委员会发现鄞县窑，1963 年 10 月李辉柄在浙江省文物管理委员会的支持与帮助下，实地调查该窑址[1]。

　　鄞县窑遗址主要分布在鄞县南部东钱湖西南的郭家峙、东部的沙叶河头和小白市三处，三处窑址烧制器物大体相同。选择郭家峙与小白市两地重点进行了调查，共采集到器物标本及窑具 200 余片。器物有碗、盘、杯、罐、瓶、壶钵、盏托、印盒、供器等多种，以碗为最多，盘次之；窑具有匣钵及大小垫圈等。碗有 17 种型式，杯有 4 种型式，钵、罐、盏托各有 2 型式。调查者仔细研究了瓷器的造型与装饰，认为鄞县窑器物的成型有一定的规律。例如碗的造型，基本上可分为两种：一种为深形，一种为浅形。深形碗大都是口径大于足径的一倍，足径恰好是碗的高度。根据这种成型比例，可以了解到拉坯成型技术已达到相当高的水平。器物的烧制方法，一般地说是一件器物用一个匣钵，垫圈都支在器物的底部。器物的装饰方法，有划花、刻花、刻划并用等三种，以划花最为普遍。纹饰题材有鹦鹉、蝴蝶、莲瓣、荷花、水草及不易识别的各种花卉纹饰等（图 3.20、3.21）。

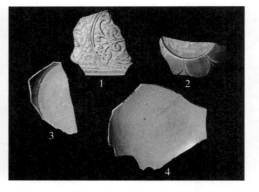

图 3.20　浙江省鄞县窑瓷器标本，1963 年、1979 年采集（采自《近年发现的窑址出土中国陶瓷展（1949～1981）》）

1. 青瓷钵；2、4. 青瓷刻花莲花纹碗；3. 青瓷刻花波纹供器

图 3.21　浙江省鄞县窑瓷器标本，1963 年、1979 年采集（采自《近年发现的窑址出土中国陶瓷展（1949～1981）》）

1. 青瓷刻花碗；2. 青瓷刻花莲花纹碗；3. 青瓷划花蝶纹碗；4. 青瓷划花碗

---

[1]　浙江省文物管理委员会：《浙江鄞县古瓷窑址调查记要》，《考古》1964 年第 4 期。李辉柄：《调查浙江鄞县窑址的收获》，《文物》1973 年第 5 期；收入《李辉柄陶瓷论集》，第 23～32 页。

可知鄞县窑所烧造的器物无论在造型、胎质、釉色或是在纹饰风格上，都与余姚上林湖越窑基本相同。结合文献推断，鄞县窑瓷器当时被用来大量出口外销。与其说鄞县窑是受余姚上林湖越窑的影响，还不如说它是从余姚上林湖越窑派生出来的另一支更为确切。根据明嘉靖《宁波府志》记载，结合器物时代特征，推测鄞县在东晋时代已开始烧窑，到了南朝时期还继续烧造。另在郭家峙、小白市遗址采集的标本属于五代至北宋时期的遗物，而唐代的遗物却未发现。可能鄞县窑在这一时期已经停烧。到了五代，由于吴越钱氏为了进贡和海外贸易的特殊需要，势必扩大生产范围。因此，除余姚上林湖外，在许多地方还设立了新窑，鄞县窑此时才又恢复了生产。

（二）福建同安窑

同安窑于 1956 年修汀溪水库时经福建文物管理委员会最早发现 3 处窑址，同年故宫派陈万里等人调查。窑址位于同安县东 15 里的上埔村，遗物大量分布在汀溪的南岸[①]。1958 年在汀溪乡许坑村与距同安 5 公里的新民乡又发现窑址多处[②]。1979 年 6 月故宫冯先铭、李辉柄等再次调查同安窑，以水库储水较浅，遗址及遗物堆积均暴露在地面，窑址标本之多及质量之精，是福建南部地区发现的最大青瓷产地之一。同安县境内以青釉瓷占主要比重，此外还烧青白瓷，青瓷以盘、碗最多，器里多刻花篦划不同纹饰，外刻复线，釉色多偏黄。青白瓷的碗里也有篦划及篦点纹饰，碗外亦刻复线，碗心修坯时留有圆窝，在瓶、罐的外部多划刻细复线交叉的斜十字纹。盘心印阴纹双鱼的为元代产物，这类双鱼盘在江南地区不少瓷窑中部有发现，具有明显的元代作风（图 3.22～3.25）。1974 年发现的东烧尾窑，遗物有青釉厚胎平底碗，具有典型唐代式样，由此可把同安窑的上限提早到唐代。

（三）广东潮州窑

广东省文物管理委员会 1954 年首次发现潮州窑，故宫于 1954 年、1956 年先后派人实地调查[③]。遗址位于潮州市郊东桥乡韩山，又名笔架山。调查发现，由笔架山

① 福建省文物管理委员会：《同安县汀溪水库古瓷窑调查记》，《文物参考资料》1958 年第 2 期。

② 黄汉杰：《同安县宋代窑址》，《文物》1959 年第 6 期。

③ 陈万里：《从几件瓷造像谈到广东潮州窑》，《文物参考资料》1957 年第 3 期。李辉柄：《广东潮州古瓷窑址调查》，《考古》1979 年第 5 期；收入《李辉柄陶瓷论集》，第 38～43 页。

图 3.22 福建省同安窑青瓷刻划花碗片，1956 年 10 月、1979 年 6 月采集（采自《近年发现的窑址出土中国陶瓷展（1949～1981）》）

图 3.23 福建省同安窑瓷器标本，1956 年 10 月、1979 年 6 月采集（采自《近年发现的窑址出土中国陶瓷展（1949～1981）》）

1、4. 青瓷刻划花碗；2、3. 青瓷印花鹿纹碗

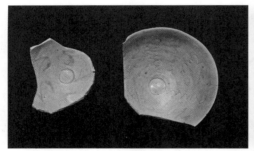

图 3.24 福建省同安窑青白瓷刻划花碗片，1956 年 10 月、1979 年 6 月采集（采自《近年发现的窑址出土中国陶瓷展（1949～1981）》）

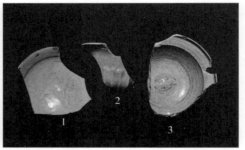

图 3.25 福建省同安窑青白瓷器标本，1979 年 6 月采集（采自《近年发现的窑址出土中国陶瓷展（1949～1981）》）

1. 刻划花盘；2. 莲瓣纹香炉；3. 印花双鱼纹盘

东南山脚至西北涸溪塔山脚下 4～5 公里均属窑址范围，遗址面积很广，可见古瓷窑之多。过湘子桥笔架山的山坡一带是窑址的集中地。

1978 年故宫李辉柄的调查共采集标本 300 余片，经分类整理器物，造型以盘、碗为多，壶、盒、炉次之，还有杯、罐。碗可分为深腹与浅腹两类。深腹碗有 5 式，浅腹碗分 2 式。盘分 7 式，杯分 2 式。调查者分析了潮州窑的器型与纹饰特征，认为潮州窑是南方以烧制青白瓷（影青）为主的瓷窑之一。它的胎薄质坚，瓷化程度较高，釉色白中闪青，细腻光润。形制精巧，与江西景德镇的宋代青白瓷相比，并无逊色。潮州窑的装饰方法有划花、刻花、印花三种。笔架山既产优质的瓷土，同时又位于韩江东岸，水上交通十分便利，可说是设窑烧瓷的良好地方。根据器型及装饰特征与潮州羊皮岗 1922 年出土的 1 件"治平四年"（1067 年）铭文影青瓷造像、2 件"熙宁元年"（1068 年）铭文影青瓷造像、1 件"熙宁二年"（1069 年）铭文影青瓷造像和 1 件瓷香炉比对，潮州窑的上限在北宋治平四年以前，也有遗物与龙泉窑典型元代器物相似。推断潮州笔架山烧瓷时限为北宋到元。

第七节　浙江象山窑调查与龙泉窑发掘

1974 年 10 月，故宫派遣李知宴与浙江省文物管理委员会、中国历史博物馆、象山县文化馆等单位同志，在象山港距出海口不远的地方，发现一处唐代初期的青瓷窑址，对该窑址情况进行了现场勘察。窑场遗址出土器物，在造型、装饰、制作工艺、生产时代以及在东海之滨的地理位置等方面的特点，对于研究我国古代沿海地区瓷器生产提供了有价值的资料①。

1979 年 4 月，为配合浙江省云和县紧水滩水电工程，故宫博物院、中国社科院考古研究所、中国历史博物馆、上海博物馆故宫和浙江省文物考古所的同志组成联合考古队，对水库掩埋地区内的龙泉窑址有重点地进行抢救性发掘。故宫派李知宴、何俊义、由志奇和金华地区文管会的同志组成考古组，对位于龙泉县雁川公社大白岸的山头窑村窑址开展发掘。发掘 5 月 5 日开始，6 月 18 日结束，历时 24 天。清理一座由窑头、窑床、窑顶、窑尾、窑门和投柴孔组成的龙窑，编号第十二窑。发现一批罐、壶、瓶、碗、盏、盘、叠、杯、扣盒、药碾、照子、辘轳轴碗等青瓷标本，其中以各种型号的碗、盘为最多，约占标本总数 90% 以上。青瓷玻璃质较厚，釉色为青绿、灰绿、褐绿、黄绿，釉质较薄。装饰技法以刻花和划花为主。刻花以犀利的刻刀刻划出生地活泼的写实图案，内容有花卉、水草、野草、浮萍、荷花和水波纹、写实性很强的鱼纹、大雁纹。其中，以莲花和水波纹最多。划花是用很细的篦齿状工具在胎面上划出平行线条的水波纹和云纹（图 3.26、3.27）。另有匣钵、垫饼、垫圈等窑具。根据青瓷的造型、

---

① 李知宴：《浙江象山唐代青瓷窑址调查》，《考古》1979 年第 5 期。

釉色、工艺特征和纪年资料比对，推测该窑生产时代在北宋中晚期。根据龙窑的热功能原理，推断其装坯情况和产量，估计一窑可能生产成品一万五千件左右。指出青瓷釉色发灰或发黄与胎土加工和龙窑结构有一定关系①。

 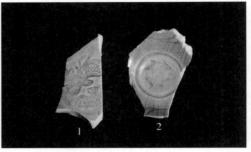

图3.26　浙江省龙泉窑址瓷器标本与馆藏青瓷（采自《近年发现的窑址出土中国陶瓷展（1949～1981）》）

1. 龙泉窑青瓷刻花盘，1979年7月采集；
2. 故宫博物院藏青瓷刻花盘

图3.27　浙江省龙泉窑瓷器标本，1979年7月采集（采自《近年发现的窑址出土中国陶瓷展（1949～1981）》）

1. 青瓷印花双凤纹盘；2. 青瓷印花双鱼纹碗

第八节　小　结

　　1949年至本时期的1980年，即新中国成立30多年来，瓷窑遗址在19个省、自治区的176个县市辖区之内都有发现，窑址数以千计。有的县少则几处、十几处，有的县达到几十处以至上百处，如河南禹县、新安县，浙江龙泉县和福建德化县；浙江上虞县更多达三百处以上。故宫博物院收藏有各地的陶瓷产品，30年来调查了13个省、63个县市区，发现历代窑址和窑址群130多个，以北方为重点，解决了故宫藏18个窑口的部分藏品。这一时期调查涉及全国窑址所在县市数量约三分之一，但主要是针对解决院藏传世品瓷器的具体窑口问题，取得一定成效②。1976年以后，针

① 李知宴：《浙江龙泉青瓷山头窑发掘的主要收获》，《文物》1981年第10期。
② 冯先铭：《中国陶瓷考古的主要收获》，《考古》1965年第9期；收入《冯先铭中国古陶瓷论文集》，第91～116页。冯先铭：《三十年来我国陶瓷考古的收获》，《故宫博物院院刊》1980年第1期；收入《冯先铭中国古陶瓷论文集》，第117～140页。

对编写陶瓷史任务，主要为系统组织陶瓷展览及编写陶瓷史调查窑址，填补陶瓷发展的空白点。

这一时期，故宫窑址调查的主要人物是冯先铭、叶喆民、李辉柄、李知宴、李纪贤等，陈万里由于年龄等原因在 1963 年以后离开了工作岗位，1969 年去世。从事窑址调查的同志正直年富力强，他们在古陶瓷研究实践中逐步成长为我国古陶瓷界的知名专家。

从 1962 至 1980 年公开发表"窑址的调查发掘与论述"资料看①，涉及 20 个省、市、自治区的窑址，共 85 篇。故宫学者发表的窑址调查发掘成果共 10 篇，约占全国总数量的 12%，窑址调查相关成果数量明显减少，主要集中在重点调查窑址的省份。其中涉及河北省磁州窑 1 篇，河南省汝窑 1 篇、钧窑 1 篇、密县和登封窑 1 篇，浙江省象山唐代青瓷窑、鄞县窑等 2 篇、福建省德化屈斗宫窑、同安窑、莆田窑等 3 篇、广东省潮州窑 1 篇，基本上与故宫窑址调查的地区分布一致。

该时期故宫的窑址调查与研究呈现以下几方面特点：

一是窑址调查方法比上一阶段有所进步。除地面采集瓷片外，注意到利用断崖、沟壁等剖面采集标本。在禹县神垕窑址调查钧窑遗址中采取普查和重点钻探的方法，加上调查时间稍长，获得资料较为丰富。

二是窑址调查的内容不但关注陶瓷品种，也重视窑炉、窑具、燃料、作坊等遗存，获得了陶瓷生产与烧造的实物资料。

三是窑址调查资料的整理按釉色和装饰分类，将同一釉色的碗、盘等不同类型的采集标本进行数量统计，大体获得了窑场产品面貌的认识。

四是对窑址产品时代判断上更多地依靠墓葬等出土纪年资料与窑址标本的比对，关注陶瓷窑场始烧、繁荣、衰落时代，对窑址的时代上下限作出较为可靠的判断。

五是窑址调查资料的公布借鉴了历史时期考古学简报或报告的体例，利用分类型、分式的形式介绍陶瓷器物和标本，公布遗迹剖视线图、复原图、可复原器物剖视线图、照片等内容，使研究者获得更为丰富的窑址陶瓷生产状况的第一手资料。

---

① 中国社会科学院考古研究所图书资料室编：《中国考古学文献目录 1949～1966》，北京：文物出版社，1978 年，第 273～280 页；中国社会科学院考古研究所资料信息中心编：《中国考古学文献目录 1971～1982》，北京：文物出版社，1998 年，第 313～316 页。

　　六是由于全国范围内陶瓷窑址资料的不断增多，有条件研究不同区域窑场之间产品装饰的特征、工艺技术的交流关系。冯先铭提出以窑系的概念总结宋代南北方陶瓷的发展面貌。"窑系"的概念从今天看来有一定的局限性，但长期以来对中国古陶瓷学界影响很大。

　　七是这一时期国内各地特别是浙江、福建、陕西、河南、广东等地陶瓷窑址发掘工作开展比较广泛，覆盖面大，出土了一大批资料。故宫以开展重点窑址调查为基础，关注城址、墓葬、窖藏、塔基、沉船等遗迹单位考古出土的陶瓷器物，为全面开展古陶瓷研究，编写陶瓷史做出了重要贡献。

　　八是故宫派遣考古发掘经验丰富的专家带领人员与中央、省市文博机构联合组成考古队，参加浙江龙泉窑址的考古发掘，独立完成窑址考古调查与发掘任务，无论是发掘技术、整理方法，还是报告内容、研究成果等方面，体现出较高的田野工作水平。

第四章　故宫窑址调查的延续（1981～1999）

第一节　探讨瓷器起源的浙江绍兴富盛窑调查

通常以为，我国的原始瓷自商代中期出现，到春秋、战国时期始终不断发展，经历千余载的生产历史，到东汉时期转化为完全意义上的瓷器。早期原始瓷器的烧造地点发现不多。而在南方各省同一时期的古遗址、古墓葬中却屡见不鲜，并且多伴出印纹硬陶。20 世纪 50 年代浙江萧山进化区古代窑址的发现[①]，20 世纪 70 年代浙江绍兴富盛战国窑址的发掘[②]，不仅提供了确切的原始青瓷窑炉遗址的重要资料，而且有助于认识上海、江苏、浙江、江西、湖南、福建等地出土具有共同特征的原始青瓷烧造地点问题。为进一步探讨瓷器起源问题，1981 年冬冯先铭、李毅华前往绍兴调查富盛窑址[③]。

绍兴富盛与萧山进化区两地距越国都城会稽很近。两地窑址的丰富堆积表明，其烧造的印纹硬陶与原始青瓷不仅品种，器型相类，而且胎质、釉色亦基本一致，属于同一时期。富盛窑址，不见文献记载资料，位于绍兴东偏南约 14 公里的半山区，窑址在长竹园、诸家山一带。长竹园窑址东依陈灶户山，因修筑公路、挖掘渠道遭到破坏，窑床遗迹暴露在渠道断面上，印纹陶、原始瓷堆积在渠道断壁依稀可见。

富盛窑生产的原始青瓷胎质细腻，呈灰白色或灰色。坯件通体施薄薄一层石灰釉，釉色青中泛黄，坯釉断面无明显界限，釉层厚度最多不过 30 微米左右。由于采

---

① 王士论：《浙江萧山进化区古代窑址的发现》，《考古通讯》1957 年第 2 期。

② 绍兴县文物管理委员会：《浙江绍兴富盛战国窑址》，《考古》1979 年第 3 期。

③ 李毅华：《浙江绍兴富盛窑——兼谈原始瓷器》，文物编辑委员会编：《中国古代窑址调查发掘报告集》，北京：文物出版社，1984 年，第 18 页。

用轮制法，器型规整，器壁厚薄均匀。采集物主要器型有：碗多直腹，下腹斜收，直口沿或微外撇，平底。盘多为浅腹，造型与碗相似；一种盘为圈足，较罕见。钵深腹，口沿外撇，内缘呈凹槽，下部残。此外还有钵、器盖等。原始青瓷制品多为饮食用器皿。碗、盘、钵等器皆为自内底心为起点，划有排列整齐的螺旋纹，有的延伸到器壁或口沿。器物外底有轮制切割的线痕。器内、外底均有明显的三个泥团托珠痕迹。有的废品还黏附托珠，表明其烧造工艺以泥团托珠间隔叠烧而成。

富盛窑址的废品堆积层表明，在烧造原始青瓷的同时兼烧印纹硬陶。印纹陶胎质较原始青瓷粗糙，胎内含细砂粒。胎多呈褐色、紫黑或深灰，从断面看的心部为棕色、两侧为灰黑色的夹层。胎质坚硬，叩击铿锵声脆，烧成温度较高。主要器型为罐、坛一类盛贮器具，制作多是手工与轮制结合。纹饰有方格纹、麻布纹、复线方格交叉纹、米筛纹、席纹、米字纹、回字纹、浪纹饰等。富盛窑原始青瓷与印纹硬陶有可能同窑烧造，但二者所用原料与烧结程度存在明显差异。

富盛长竹园窑址面积达 10000 平方米以上，暴露出的二处窑床遗迹，发现每处都有上下叠压的龙窑五条，表明这里可能是我国最早使用龙窑的窑址。长竹园所发掘的龙窑为长条形倾斜结构，窑室较低，推测为拱顶。全长不超过 6 米，宽度约 1 米，置放坯件的窑位面积在 7 平方米左右。这种结构的窑炉利用自然抽风，升温快，可以使坯件在高温下烧成，为烧成瓷器提供了重要条件。

第二节　唐代名窑邢窑调查

邢窑是唐代著名瓷窑之一。《新唐书·地理志》载："河南府土贡埏埴缶，邢郡巨鹿郡土贡瓷器，越郡会稽郡土贡磁器。"说明邢越二窑，当时并贡于朝。李肇《国史补》也载："凡货贿之物侈于用者，不可胜记，丝布为衣，麻布为囊，毡帽为盖，革皮为带，内邱白瓷瓯，端溪紫石砚，天下无贵贱通用之。"指出邢窑在内丘。20 世纪 30 年代傅振伦根据《国史补》记载，提出"瓷窑沟很可能就是邢窑所在"[1]。

---

① 转引自杨文山：《二十世纪中外学者对邢窑的研究》，《中国历史博物馆馆刊》1999 年总 32 期。

1951 年故宫为寻找邢窑派技工杨忠礼对瓷窑沟进行实地调查，采集黑釉标本，发现碑记二通，该处确凿有古代窑址，但不能证明为邢窑所在地①。闻之当地人的传说，碎片不少已没入河道的地层，因而，邢窑瓷片尚未发现②。1958 年故宫又派人去查勘瓷窑沟，在地面上没有看到白瓷，认为很可能是邢窑所在，或者是邢窑相邻近处。提出应该钻一下探沟以测验地下深部的情况，所以试图解决邢窑问题，瓷窑沟这个地方应该及早加以重视③。从 1952 年起，河北师范大学的杨文山先后 7 次在内丘、邢台、沙河境内调查，只发现宋金时期白瓷残片。1976～1977 年邢台地区文管所对全区 18 县市进行文物普查，将发现邢窑遗址被列为重点，先后复查瓷窑沟窑址，发现临城南程村、造纸厂、射兽村三处宋金窑址，仍然没有找到唐代遗存④。随后故宫冯先铭、叶喆民又慕名前往调查，只发现宋金仿定白瓷⑤。

　　1980 年 5 月，为恢复和研究邢窑而成立的临城县二轻局"临城县邢窑研究小组"，对内丘、临城交界处和临城县的古窑址进行普查，8 月上旬在岗头第一次发现唐代窑址，11 月又在祁村、西双井一带发现三处唐代窑址，并第一次捡到"类雪"的细白瓷片和器物⑥。为证实和探讨邢窑的重大收获，1981 年 4 月 25～27 日，在临城县召开"邢窑与邢瓷艺术鉴赏会"，与会专家一致认为，"岗头、祁村、西双井唐代窑址应是唐代邢窑"，或"邢窑的一部分"⑦。也就在这时故宫的李辉柄应邀赴邢窑窑址考察，并参加有关邢窑的学术讨论会。

　　河北内丘、临城县交界的瓷窑沟往北，中经解村、南程村、泜河北岸、澄底、

① 故宫博物院藏档案资料编号 19500144Z，《将调查顺德等处古窑址拟具总结乙份呈请鉴核由》。杨文山撰文说，1951 年陈万里对瓷窑沟进行实地调查，作为第一位对邢窑进行实地调查的专家，为后人对邢窑调查起了先驱作用，故宫档案资料表明该说法不确。见杨文山：《二十世纪中外学者对邢窑的研究》，《中国历史博物馆馆刊》1999 年总 32 期；申献友：《二十世纪河北古瓷窑研究回顾》，《文物春秋》2000 年第 6 期。

② 陈万里、冯先铭：《故宫博物院十年来对窑址调查》，《故宫博物院院刊》1960 年总第 2 期。

③ 陈万里：《中国瓷器史上存在的问题》，《文物》1963 年第 1 期；收入《陈万里陶瓷考古文集》，第 281～283 页。

④ 邢台地区文化局：《邢台文化普查报告》，1977 年内部报告。叶喆民：《近三十年来邢定二窑研究记略》，《文物春秋》1997 年增刊。

⑤ 叶喆民：《近三十年来邢定二窑研究记略》，《文物春秋》1997 年增刊。

⑥ 河北临城邢窑研制小组：《唐代邢窑调查报告》，《文物》1981 年第 9 期。

⑦ 赵鸿生：《专家座谈邢窑》，《河北陶瓷》1982 年第 1 期。

岗头直到祁村、双井村，长达 12 公里，发现古窑遗址 12 处，其中岗头、祁村、双井为唐代瓷窑区。祁村窑烧造器物主要有碗、盘、壶、罐、盏托等。工艺上一丝不苟，如玉璧形底碗，多为浅式，敞口，口沿往往凸起一道边沿，底足矮浅，底足外沿略高于内沿，底内心微凸。碗壁内外不见有旋纹。除底足部外施满釉，玉璧中心施釉，釉稳定不下流，没有定窑"泪痕"流釉现象（图 4.1、4.2）。尽管未发现窑炉，但窑具先进而多样，除常见漏斗型匣钵、筒式匣钵外，还有为烧造高档日用白瓷专用盒式匣钵。祁村窑在烧造技术上要求严格，废品较少，出土高档白瓷残片尤少。通过对邢窑烧瓷历史的分析，根据陆羽《茶经》中所记除邢窑白瓷外的唐代六大青瓷窑相关考古资料，显示这些青瓷窑历史可早到隋代以前。再加上北方发掘隋墓都出土白瓷，推测邢窑烧造历史可能会早到隋代。曲阳定窑可能在晚唐受邢窑影响烧造白瓷，北宋时期大量烧造印花白瓷。祁村窑可能在唐代衰落后，后来受到定窑影响。形成内丘、临城交界地区唐至宋元瓷窑发展的基本状况①。1982 年临城县陈刘庄又发现隋代邢窑遗址，是当时我国发现最早烧制白瓷的瓷窑遗址②，证实了李辉柄预见的正确性。

 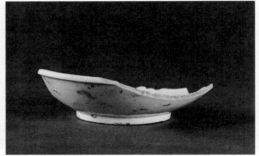

图 4.1　河北省邢窑白釉碗片，1981 年采集（采自《近年发现的窑址出土中国陶瓷展（1949～1981）》）

图 4.2　河北省邢窑白釉碗，1981 年采集（采自《近年发现的窑址出土中国陶瓷展（1949～1981）》）

---

① 李辉柄：《唐代邢窑窑址考察与初步探讨》，《文物》1981 年第 9 期；收入《李辉柄陶瓷论集》，第 66～70 页。

② 杨文山：《隋代邢窑遗址的发现与初步分析》，《文物》1984 年第 12 期。

第三节　南北交汇的安徽省窑址调查

1987 年 4 月，李辉柄赴安徽省参加古窑址调查工作，中心任务是搞清安徽地区古代陶瓷生产状况以及其与南北地区瓷窑的关系。主要调查安徽北部的淮南窑、寿州窑、萧窑，南部的歙县窑、泾县窑、繁昌窑①。

（一）**淮南窑**。位于淮南市田家庵上窑镇的管嘴孜窑址，一般研究者称为寿州窑。该窑以烧青瓷为主，除一种盘口、旋纹四系瓶独具特色外，其余高足盘、大小敛口深腹平底碗、四系罐以及钵形器等，均与北方青瓷完全相同。调查者认为淮南窑烧制器物在安徽地区出土较多，在几座隋墓里均有出土，推定其年代为隋代，是当时发现安徽北部时代最早的一处瓷窑。

（二）**寿州窑**。位于淮南市田家庵镇上窑镇的余家沟窑，因唐代属于寿州，称其为寿州窑。以烧制黄釉器为主，釉的呈色有深、浅、浓、淡之分，常见釉色有蜡黄、鳝鱼黄、黄绿等多种，胎质较为粗糙而略带粉红色。烧制器物以碗为主，以敛口深腹、平底者居多，碗心一般留有三个支烧痕。为弥补胎土粗糙之疵，上釉之前施一层白色化妆土。釉多为玻璃质，烧制过程中易流淌，器里满釉，器外施釉不到底，常常在碗内釉厚处发生蓝白色窑变现象。特征与陆羽《茶经》称"寿州瓷黄茶色紫"相一致。寿州窑时代属于初唐，唐中期以后衰落。

（三）**萧窑**。位于安徽省萧县城南 25 里的白土镇瓷窑，一般称之为萧窑。萧窑在唐代以烧制黄釉瓷器为主，兼烧青瓷与白瓷。器型以碗为最多，碗深腹敛口，平底中心微内凹近似玉璧底，碗心留三个支钉烧痕。器里满釉，器外施釉不到底。壶短流，有晚唐风格。器物在釉色形制上大体与寿州窑类似，时代稍晚，可能是继寿州窑之后发展起来。白瓷的烧制说明与北方瓷窑有更密切的关系。萧窑创烧于唐而终于元代。

（四）**歙县窑**。1985 年 11 月，安徽省歙县农民在耕地时偶然发现了瓷窑，窑址位于离县城约 22 里的竦口村东约 100 米处，临双竦河（竦水）与扬之水（练江）汇

---

① 李辉柄：《安徽省窑址调查纪略》，《故宫博物院院刊》，1988 年第 3 期；收入《李辉柄陶瓷论集》，第 71～75 页。

合之处，面积较大，遗物颇丰。被认为是安徽南部所发现的时代最早、延续时间较长的一个重要瓷窑①。唐代青瓷釉色呈姜黄色，釉面带有细小的黑色斑点，胎色铁灰，施釉不到底，露胎处呈黑褐色。器物烧成温度较高，胎质坚硬，器型以盘、碗为主。碗壁厚重，口直斜，平底，因系叠烧，底部与碗心往往留有六个支钉烧痕。五代时期是歙县窑青瓷生产发展的时期，器型以碗为最多，碗多花瓣口，圈足。碗有大小各式，因系叠烧，在圈足与碗心也留有一圈支钉的痕迹。除碗以外还有执壶与盏、盏托。器物烧成温度较高，胎质坚硬，呈铁灰色。施釉均匀，釉面光亮明净，器里外满釉。釉色稳定，以虾青色居多，好者青中微微闪绿，少数器物的釉色微呈青黄色。北宋时期烧制的器物基本上继承了五代瓷器的特征，但抛弃了落后的叠烧方法，采用一匣一器装烧方法，碗心没有支烧痕迹。歙县窑创烧于唐代而终于北宋，它是安徽南部时代较早的一处窑址。从唐代发展到北宋时期，经过了从烧氧化焰到烧还原焰的转变，瓷器的釉色从黄釉转变为青釉，在装烧方法上也从叠烧法发展到匣钵正烧法，所烧制的器物在不同时期具有不同的时代风格。

（五）泾县窑。位于泾县城东北 14 公里处群山之中的陶窑村，青瓷窑位于陶窑村虎容山的山坡腰部。另外从虎容山向东之青龙山的西南坡及山脚下（当地人称为"碗冲"），也有一片范围很大的窑址堆积。两处窑址的遗物都以碗类残片为最多。在瓷器造型、胎釉特征上均与歙县窑大体相同，但时代要晚一些。碗多五花瓣口，因系叠烧，器内底心与外圈足上均有一圈支烧痕迹。釉色不纯，多开片，而且常见剥釉的现象，有些器物施釉不到底，这是与歙县窑青瓷不同之处。遗址中除发现各种垫柱窑具外，未发现匣钵。泾县窑时代可早到北宋初期，从有些器物施釉不到底的制法分析，其时代下限可能到南宋时期。

（六）繁昌窑。位于繁昌县城南 1 公里的柯家村，遗址遍布在村东箬帽岭和锥子山之间的山冲里，废匣钵与残片堆积成很大的"窑包"，该窑以烧制青白瓷为主，瓷器的釉色以白中泛黄居多。主要特征是釉玻璃质强，釉面是开片纹，施釉均不到底，底足无釉。器物种类繁多，以碗、盘、碟为多。碗一般卷口，器壁较直，碗里中心常下凹一圆圈，留有明显的旋纹，底部旋的较为粗糙。一种漏斗状

---

① 　纪炜：《安徽省歙县青瓷窑址调查小纪》，《故宫博物院院刊》1988 年第 3 期。

的小碗，碗中心常有一乳头状凸起。直口平足洗施釉到底，十分精巧。壶的形制讲究，有盘口与喇叭口两种，此外还有成套的温壶和温碗。瓷器装饰方法有刻花、印花多种，以印花为多。碗里中心常见印一朵菊花纹饰。刻划花多见供器与盒盖装饰。繁昌窑出土标本与繁昌县及其附近地区的北宋墓中发现的瓷器一致，推断窑址生产时代为北宋。

第四节　寻找汝官窑的宝丰清凉寺窑址调查

汝窑是包括故宫学者在内的中外陶瓷学者关注的历史名窑之一。1950 年陈万里第一次调查窑址就有汝窑，认为印花青瓷和素面青瓷是汝窑的主要产品，并推断了汝窑官窑的烧造时代①。1962 年冯先铭再次调查临汝县境内窑址，根据陶瓷标本分类与统计，将窑址分为汝窑系和钧窑系，并提出汝窑产品分两类，一部分是专为宫廷烧造的瓷器，一部分是为民间烧造，命名其为"临汝窑"②。那么汝窑官窑遗址在哪里？长期以来是汝瓷研究中的最大问题。河南省文博机构根据文献记载以为窑址应在临汝县境内（宋代州治所在地），寻找多年未果。那么它是否与定窑遗址不在定县而在曲阳的情况相似呢？受此启示，相关人员在古汝州所辖范围内的河南其他地区进行过多次调查。1977 年，故宫博物院叶喆民调查河南宝丰清凉寺窑址时，曾采集到与院藏汝窑瓷器相同的典型标本，并进行了两次科学化验，结果与20 世纪50 年代故宫博物院提供给上海硅酸盐研究所的清宫收藏宋汝窑洗的化验数据相同。只是由于标本数量太少，不足以作全面说明。1986 年 11～12 月，上海博物馆根据当年古陶瓷年会学术交流中，河南宝丰文物工作者提供了有关汝窑遗址的资料线索，对清凉寺窑址做了进一步的调查，先后进行了两次调查，共采集到汝窑瓷器标本和窑具 40余件，经过整理资料出版了《汝窑的发现》一书，从地理沿革、文献记载、标本的

①　陈万里：《汝窑的我见》，《文物参考资料》1951 年第 2 期；收入《陈万里陶瓷考古文集》，第 149～153 页。

②　冯先铭：《河南省临汝县宋代汝窑遗址调查》，《文物》1964 年第 8 期，第 15～26 页；收入《冯先铭中国古陶瓷论文集》，第 163～172 页。

外观以及测试数据等方面进行了研究，比较详细地证论了"清凉寺窑即宋代五大名窑之一——官汝窑的故乡"①。结论虽得到了学术界承认，但毕竟是地面采集标本，缺乏有力证据。1987 年 10～12 月，河南省文物研究所为了进一步探索宝丰清凉寺汝窑遗址的规模、窑场性质及烧造内容，对清凉寺窑进行了考古发掘。表明"清凉寺窑是一处规模较大、瓷艺精良、产品丰富的民间综合窑场。除奉命为北宋宫廷烧制御用汝瓷外，主要是大量生产民用瓷。这个窑口从北宋初年创烧，历经宋、金、元各代，但为宫廷烧御用器的时间颇短暂，后因京师自置官窑而被取代。"②发掘中并未能找到官汝窑的遗址，因此还存在着一些疑问。

　　宝丰清凉寺窑是否为文献记载的"命汝州烧青窑器"的遗址呢？故宫的李辉柄于 1990 年 8 月专程赴宝丰清凉寺汝窑遗址进行调查（图 4.3），并参观了河南省文物研究所的发掘标本。清凉寺窑址面积庞大，遗存十分丰富，烧制品种除汝窑青瓷外，还有白釉、黑釉、酱釉，以及三彩、珍珠地划花、白地黑花、印花青瓷、天蓝釉钧瓷等多种。烧瓷品种和基本特征，与河南地区的鲁山、禹县等窑相同。回京后，李辉柄对故宫博物院收藏的官汝窑瓷器又进行了研究（图 4.4），感到当时调查、发掘所得的标本尽管在烧造方法上与官汝窑瓷器有许多共同之处，但在器型和胎、釉特征以及粗精程度上存在着较大的区别。认为上海博物馆的调查以及河南省文物研究所的试掘证明，河南宝丰清凉寺应是文献记载的"命汝州烧青窑器"的"官汝窑"

图 4.3　宝丰清凉寺村窑址　　　　　图 4.4　宋汝窑三足樽，故宫博物院藏

①　汪庆正、范冬青、周丽丽：《汝窑的发现》，上海人民美术出版社，1987 年。

②　河南省文物研究所：《宝丰清凉寺汝窑址的调查与试掘》，《文物》1989 年第 11 期。

所在地。但现有标本，除少数精致的官汝窑产品外，大多数应为民汝窑的制品，其中包括宝丰清凉寺遗址发掘出土的遗物，以及大营镇蛮子营村窖藏出土的汝窑青瓷。河南文物研究所对清凉寺遗址的发掘，虽然未找到汝窑的窑炉，但从发现的文化层叠压关系，官汝窑瓷片出现在第三层即宋文化层，并且与印刻花民用青瓷（耀州窑系）等一起出土，这些伴出的民窑产品大多属于北宋后期，可以得知官汝窑的时代与文献记载的年代大致相符①。

第五节　小　结

随着一批学者由于多种原因相继离开故宫，这一时期故宫的窑址调查数量明显减少。虽然仍以历史名窑、官窑遗址为调查研究对象，但大多数是利用论证会、研讨会机会的观摩标本、查看窑址环境，走向田野的热情和动力大大减弱，少有的调查也是针对空白地区的窑址踏查。其中主要原因在于学术指导思想上发生了变化，认为古陶瓷研究已经进入综合性研究阶段，充分利用文献、馆藏器物、窑址标本、发掘资料、科技检测开展综合研究，就可以解决学术争议与陶瓷史的空白问题。

从 1981～1990 年全国报刊和论文集所载"窑址的调查发掘与论述"资料看，涉及全国 21 个省、市、自治区和香港地区窑址，共有 350 篇②。其中故宫学者的调查论述成果计 19 篇，涉及河北省"三大名窑"1 篇、邢窑 1 篇、磁州窑 1 篇，河南省汝窑 2 篇、钧窑 2 篇，山西省浑源窑 1 篇，浙江省越窑 1 篇、武义窑址 1 篇、龙泉青瓷（发掘简报）1 篇，安徽省窑址 1 篇，福建省建阳窑 1 篇，江西省吉州窑 3 篇，湖南省长沙窑 1 篇，另有 2 篇综述，数量只占全国总数的 5%。这表现出故宫实施窑址调查在学术成果上呈现出衰落趋势。

---

① 李辉柄：《汝窑遗址的发现与探讨》，《文物》1991 年第 12 期；收入《李辉柄陶瓷论集》，第 76～83 页。

② 中国社会科学院考古研究所资料信息中心编：《中国考古学文献目录 1971～1982》，北京：文物出版社，1998 年，第 313～316 页；中国社会科学院考古研究所资料信息中心编：《中国考古学文献目录 1983～1990》，北京：文物出版社，2001 年，第 719～732、930～935 页。1991 年以后的窑址调查资料暂缺统计。

　　我国的陶瓷考古工作在这一时期已进入发展、兴盛时期。除了广泛的常规调查外作为陶瓷窑址田野考古的重要内容，还对一些名窑遗址做了全面细致调查。如1990年代初对浙江慈溪上林湖越窑址的调查尤为详细，并做了勘测，基本搞清了上林湖窑区各窑场产品的特点、年代①。这一阶段地方文博机构开展的瓷窑遗址调查，常常有较强目的性，工作细致认真，解决了小面积或局部发掘难以解决的问题，较好地体现出调查工作在研究工作中的作用。同时，陶瓷窑址发掘的数量明显增多，发掘面积一般较大，不少是带着学术问题的主动发掘。根据报道的资料，先后对40余座窑址进行了发掘，其中50%以上是首次发掘。在20世纪60年代故宫的窑址调查线索基础上，有关文博机构和高等院校在这时对其钧窑、汝窑、磁州窑等开展了科学的发掘，注重发掘方法的探索，地层划分较为细致、认真，出土遗迹、遗物丰富，其中有许多重要发现，为全面深入研究我国古代陶瓷手工业提供了系统科学的资料。而故宫的窑址调查工作无论在学术目标、调查手段、研究方法上已经明显落后，表现在一些古陶瓷研究重要问题上，如传世官窑钧瓷即"官钧"年代、景德镇明代御窑生产等问题，由于对新资料不敏感，对新方法重视不够，缺乏学术创新，给学术界以故步自封甚至抱残守缺的印象。

---

① 慈溪市博物馆：《上林湖越窑》，北京：科学出版社，2002年。

结语　故宫的古窑址调查活动的特征与影响

最后，对故宫自 1949～1999 年半个世纪的窑址调查活动作进行批判性评析，总结它的基本特征，探讨它在学术与社会上的影响，并对其局限性进行初步分析。

一　故宫的窑址调查活动的基本特征

故宫的窑址调查活动由于其所处时代的政治文化背景更迭、人员来源的多元性，带有十分鲜明的时代性，并且走出了一条不同于其他国内地方考古文博机构、研究机构的发展道路，在学科定位、工作方法、研究手段、价值取向等多个方面极具个性特征。

（一）　国家学术与接力式调查

在 20 世纪下半叶中央级文博、研究机构中，故宫之所以在瓷窑址调查和古陶瓷研究中能够处于核心位置和领军地位，取得令人瞩目的成就，最重要的客观条件在于它是以中央政府文化部、国家文物局代表的国家力量推动的文物调查活动。

故宫博物院是 1924 年北京政变，溥仪被驱逐出宫，在清室善后委员会点查清宫物品的基础上，于 1925 年 10 月 10 日在明清两代皇宫紫禁城建立的综合性博物馆，在中国近现代历史特别是文化史上具有特殊而重要的地位。民国时期我国学界认为故宫是学术机构，李济曾说过：“查原有之故宫组织，为一纯粹的学术组织，其行政机构亦偏重于此类功能”[①]。但故宫又是特殊的学术机构，1928 年 10 月 5 日南京国民

[①]　转引自郑欣淼：《民国故宫学术史初探》（未刊稿），第四届故宫学高校教师讲习班讲义，2015 年。

政府公布《故宫博物院理事会条例》和《故宫博物院组织法》，故宫博物院直属南京国民政府。1949 年 10 月，中央人民政府成立，在政务院设文化部，下设文物局，故宫博物院归文物局领导，1954 年归由文物局改称社会事业管理局领导。在 1958 年成立中国历史博物馆以前，故宫博物院实际上有国家中央博物馆的地位，故宫博物院这种地位直至现在也未改变。1950 年一开始的故宫窑址调查就是在国家文物局领导下，在王冶秋副局长直接分管与指导下展开。陈万里在王冶秋介绍下在 1949 年进入故宫工作①，随后王冶秋局长在不同场合交代故宫时任院长马衡支持陈万里开展窑址调查工作②。新中国成立后相当一段时间内，故宫在全国范围内开展窑址调查能够得到国家力量的相关条件，是国内其他任何机构无法望其项背的。在故宫领导层面，窑址调查的开展要归功于马衡、吴仲超等院长，从计划制定、目标方法、经费保障、人员配备等各方面的支持，为实施层面的学者们提供了人力、物力、财力的全方位保证。

故宫近半世纪陆续在中国各地展开窑址调查活动，可称之为"接力式"的组织方式。"故宫博物院几代陶瓷工作者，不畏艰辛，亲赴现场，深入全国各地古窑址进行调查，采集了非常重要的窑址调查标本资料。迄今仍属国内持续时间最长，跨越范围最广的陶瓷考古调查。"③历经半个多世纪，故宫的窑址调查涉及全国 17 个省的140 个窑口，200 余处窑址，采集约 3 万多片标本④。先后参加调查的故宫古陶瓷工作者有 16 人之多，还不包括技工。同一代人多是同事，不同代人有的是师生关系、父女关系。

---

① 《马衡日记：1949 年前后的故宫（附诗钞）》，一九四九年（民国卅八年）八月十三日（星六）："诣王冶秋告以陈万里事。……陈万里聘为研究员，在森玉未来前令其暂代馆长。"故宫博物院编：《马衡日记：1949 年前后的故宫（附诗钞）》，第 77 页。

② 《马衡日记：1949 年前后的故宫（附诗钞）》，一九五一年，四月十九日（星四）（农历三月十四日）。阴。时雨时晴。晚雨雹。"赴文物局晤冶秋，询万里调查古窑址计划应继续进行，调查费仍由局支付。"故宫博物院编：《马衡日记：1949 年前后的故宫（附诗钞）》，第 189 页。

③ 冯小琦：《最大范围的中国古窑址调查》，《紫禁城》2006 年第 1 期。

④ 冯小琦：《最大范围的中国古窑址调查》，《紫禁城》2006 年第 1 期。经过 2005 年后的整理与复查，故宫窑址资料涉及全国 20 个省区的 180 余个窑口、300 多处窑址约 6 万多片标本。参见故宫博物院编、冯小琦主编：《故宫博物院藏中国古代窑址标本·河南（上、下）》之《前言》，北京：故宫出版社，2013 年。

早年陈万里就深知到从事窑址田野调查的艰辛，但下定了"咬定青山不放松"般的决心。"我不怕难，一直这样摸索着这一条黑暗弄堂，希望未来的光明，不久会涌现在我的面前"①。1957年，陈万里、冯先铭、李辉柄调查福建、广东窑址时，陈万里已年过半百，但是精力十分充沛，跋山涉水，兴致勃勃，曾问他累不累，他回答说："这是常有的事情。"（图5.1）②

图5.1　20世纪50年代陈万里（左二）、冯先铭（右一）考察窑址（冯小琦供图）

后来较为年轻的调查者冯小琦总结到：

　　古窑址是当时瓷器的生产场所，多选择依山傍水之地，而这往往是远离平坦大道而深隐于人迹罕至之处。上世纪五六十年代，条件艰苦。老一辈的陶瓷工作者们或徒步、或骑车，或乘拖拉机、汽车，甚至赶驴车、驾马车……去一处窑址，往往要走整整一天的路；寒天、酷暑，他们始终坚持，用肩扛，用手提，把获得的资料带回来；他们有的被蛇咬过，被蝎子蜇过，划破了手脚更是经常的事，但是凭着对事业的执着，他们克服了重重困难，保存了非常宝贵的第一手资料，为故宫博物院的陶瓷研究做出了重大贡献。③

---

① 陈万里：《〈瓷器与浙江〉初序》，参见《陈万里陶瓷考古文集》，第30页。
② 《陈万里陶瓷考古文集》之李辉柄《前言》，参见《陈万里陶瓷考古文集》，第1～4页。
③ 冯小琦：《最大范围的中国古窑址调查》，《紫禁城》2006年第1期。

五四运动以来，经过新思想的洗礼，知识界已经认识到田野工作和自然科学方法的重要性，但由于掌握西方自然科学的繁重以及田野工作的艰苦，很多人采取了回避甚至排斥的态度①。但故宫的学者却不畏艰难困苦，一代代人薪火相传，以接力式的田野工作表现出新中国学者的素质、勇气和决心，为当代知识分子树立了学习榜样。

（二）历史学的学术定位

被称为"中国考古学之父"的李济从来不把自己局限为一个纯粹的考古学家，而是以一个古史学家自况。其终生的心愿就是要重建中国的上古史。中国考古学在新中国成立后主导人物之一的夏鼐有一个著名的观点："考古学和历史学，是历史科学（广义历史学）的两个主要组成部分，犹如车的两轮，不可偏废。"② 中国大多数考古学家和历史学家，将考古学定位于历史学，对故宫几代从事窑址调查的学者影响深远。他们认识到，陶瓷考古学是历史学的一部分，历史学要研究古代社会经济，包括整个手工业部门，陶瓷手工业是其中一个部门。陶瓷发生发展的过程和规律性特点深深地吸引着历史学家的注意意力。因为它是历史学家总结整个历史过程的良好素材。而历史学所阐明的社会各个阶段的规律、社会经济结构典章制度和人们的意识形态对认识陶瓷的发展是有帮助③。

20 世纪上半叶，针对"疑古"学派的疑书、疑事的"大破"，坚信史料即史学的傅斯年号召"上穷碧落下黄泉，动手动脚找东西"，加上受安阳殷墟系列考古新发现、新成果"一方面使考古学成为一门人文科学和更新了的中国传统史学的一个分支；另一方面，还使传统的中国史学获得了新生。"王国维倡导"取地下之实物与纸上之遗文互相印证"的"二重证据法"，重新为古物寻找证据成为一时的学风。在此背景下，1928 年起陈万里对龙泉窑、越窑的调查开启了对古代瓷器窑址开展调查和研究的新道路，使人们对古代陶瓷器的认知走出了清赏雅玩的窠臼，瓷器因此获得了史学的价值。

实际上，故宫的窑址调查工作一开始就定位在要解决陶瓷史问题。陈万里在实践中逐步明确了窑址调查长期的学术前沿目标是为撰写浙江陶瓷史、进而中国青瓷

①　罗志田：《走向国学和史学的"赛先生"》，《近代史研究》2000 年第 3 期。

②　《中国大百科全书·考古学卷》之《考古学》，北京：中国大百科全书出版社，1986 年，第 1～21 页。

③　李知宴：《中国陶瓷发展简史》（内部资料），中国历史博物馆印，1981 年 10 月，第 2～3 页。

史积累资料。《瓷器与浙江》可视为撰写浙江陶瓷史的成果，撰写中国青瓷史的目标至新中国成立后的 1956 年才得以实现。陈万里在《中国青瓷史略》指出："青釉器的烧成，对于中国瓷器的发展有极其重要的历史意义。至于它在最早时期酝酿、孕育，以至生长、成熟，究竟经过怎样？它在这广大土地上生根结果、滋生蔓延，以及相互间的影响怎样？以往的《陶说》《景德镇陶录》不足以说明此类问题，因此搜集最近二三十年来出土的文物、发现的窑址、研究的初步成果，并参考多种文献，扼要的作一个综合性的叙述。"① 陈万里在 1954 年、1955 年起草故宫窑址窑址调查计划，已经明确提出目标是 "为将来编写中国陶瓷史搜集材料"。1959 年他在总结十年窑址调查说："窑址的发现，不但可以补以往文献的阙略，并且对鉴定传世的与墓葬中出土的陶瓷器以致中国陶瓷发展史方面，都提供了极珍贵的资料，所以这十年的窑址调查是有很大成绩的。"② 此后，进入暮年的陈万里念念不忘编写中国陶瓷史的理想，总结出中国瓷器在釉彩发展面貌的清晰轮廓③；又指出了我国瓷器史上比较大的十五点问题，需要有较长的时间调查研究，才能逐步得到解决④。他在学术生命的最后时期，为《故宫博物院藏瓷选集》撰写的解说，分为魏晋南北朝、隋唐五代、宋、元、明、清六个阶段总结中国历代烧制瓷器的成就与特点⑤，已经勾勒出一个清晰的中国陶瓷史纲要。

　　冯先铭分别于 1965 年和 1980 年撰写中国陶瓷考古发现与收获的总结，两份相隔 15 年但主体内容类似，明显地体现出故宫学者将窑址调查与古陶瓷研究的目标定位于撰写中国陶瓷发展史的史学情节。1965 年，冯先铭总结过去近 20 年以古瓷窑遗址为主兼及墓葬出土重要瓷器，上起魏晋南北朝，下至元代的考古发现；主要收获是对中国瓷器发展有了概括的了解，对中国瓷器烧造地点的分布概况获得了初步了解，

---

① 陈万里：《中国青瓷史略》之《什么是青瓷？》；收入《陈万里陶瓷考古文集》，第 113 页。

② 陈万里：《1949～1959 年对于古代窑址的调查》，《文物》1959 年第 10 期；收入《陈万里陶瓷考古文集》，第 263～274 页。

③ 陈万里：《从釉彩方面看我国瓷器的发展》，《历史教学》1962 年第 8 期；收入《陈万里陶瓷考古文集》，第 275～280 页。

④ 陈万里：《中国瓷器史上存在着的问题》，《文物》1963 年第 1 期；收入《陈万里陶瓷考古文集》，第 281～283 页。

⑤ 陈万里：《中国历代烧制瓷器的成就与特点》，《故宫博物院藏瓷选集》，北京：文物出版社，1962 年；该文又发表于《文物》1963 年第 6 期，收入《陈万里陶瓷考古文集》，第 291～310 页。

弥补了中国瓷器发展史上的空白点，解决了一部分传世品的窑口问题。其中特别指出，多年来中外陶瓷学者在探讨中国瓷器问题时，有的采取断代研究，有的着重一个地域或一个品种研究，进行系统与全面研究的极少。其中主要原因之一是中国陶瓷发展史还存在许多空白点①。到了 1980 年，发现了大量的古代居住遗址、墓葬及瓷窑址，出土了数量极多的陶瓷器与瓷片标本，为研究我国历代物质文化，系统研究我国陶瓷发展历史具有极大帮助。仅瓷窑遗址一项就在 17 个省、2 个自治区的 176 个县市辖区之内都有发现，瓷窑遗址数以千计。新中国成立后 30 年来对各地瓷窑址的发掘与调查的收获是，初步看出中国瓷器的萌芽与形成过程，掌握了历代窑址的分布概况，注意到唐宋瓷器与同时期工艺品之间的关系，填补陶发展历史空白，纠正了文献错误，解决了大量传世品的窑口，促进了专题研究。再次提到，以前研究中国陶瓷的发展困难很多，困难之一就是有很多空白，作为研究主要对象之一的历代陶瓷器，绝大多数是传世品，纵有一些出土陶瓷器，又都是乱世盗挖或农民耕地时出土，缺乏科学断代依据。由于隋、五代、金、元墓葬出土了不少瓷器，特别是窑址的发现，空白点逐步填补，从而为系统组织陶瓷展览及编写中国陶瓷史充实了内容②。

　　1975 年开始编写《中国陶瓷史》被确定为整个陶瓷相关领域的目标，基于在文物藏品的优势和窑址调查工作基础扎实的故宫成为编写陶瓷史的主要部门，在中国硅酸盐学会的组织下发动全国的相关部门投入到这项工作③。故宫学者以此为目的对重点问题开展窑址调查，并且在学术界发挥了督导的作用到各地指导编写陶瓷史，依靠窑址调查进行查漏补缺。1976～1980 年整个国内陶瓷学界主要是围绕写中国陶瓷史开展工作，如福建省为此进行了德化窑、建窑的发掘和一些窑址的普查；浙江省这项工作抓得紧，重点放在了八个县；山西省也抓得紧，全省四分之一的县都找到了窑址，进行了普查，窑址最早的是唐代④。1982 年，由中国硅酸盐学会主编，故

①　冯先铭：《中国陶瓷考古的主要收获》，《文物》1965 年第 9 期；收入《冯先铭中国古陶瓷论文集》，第 91～116 页。

②　冯先铭：《三十年来我国陶瓷考古的收获》，《故宫博物院院刊》1980 年第 1 期；收入《冯先铭中国古陶瓷论文集》，第 117 ～140 页。

③　中国硅酸盐学会编：《中国陶瓷史》之《序言》，北京：文物出版社，1982 年，第 1 页。

④　冯先铭：《国外研究中国陶瓷动态》，《福建文博》1980 年 1 月号；收入《冯先铭中国古陶瓷论文集》，第 75～77 页。

宫冯先铭为主编小组重要成员的《中国陶瓷史》问世，被称为是"陶瓷史研究中具有划时代意义的大事。"① 随后，以故宫窑址调查起步成长起来的一批学者，又先后个人主编或撰写出一批陶瓷史著作。如冯先铭主编《中国陶瓷》②、叶喆民著《中国陶瓷史纲要》、《中国陶瓷史》③，李知宴著《中国陶瓷发展简史》④。

不仅如此，以历史学定位的思想还表现在以狭义历史学的方法，即文献的方法整理古代方志对窑址的记载⑤。这样的工作当然是有益于中国古陶瓷研究，但不可能代替陶瓷考古为研究陶瓷史提供新资料而发挥的证史、补史的作用。中国陶瓷史编写体现了 20 世纪以来的学术传统，从根本上是由中国考古学的历史学定位所决定的。受中国考古学定位于历史学的影响，而不是像北美考古学定位于人类学，故宫的窑址调查成果往往只局限于描述或者叙述，而不刻意去寻求事物发展背后的动因。

（三）科学求真原则

关于故宫开展古窑址调查的起因，目前公开的说法是从 20 世纪 50 年代开始，故宫确定了陶瓷研究的基本方针，并制定了长远的研究规划，即古陶瓷研究工作分宋代以前和明清瓷器两大阶段，既分工又合作，同时进行。宋以前的瓷器研究以陈万里为首组成调查组，对全国南北各地的古瓷窑址进行调查，以解决宋以前瓷器的窑口即产地问题。明清瓷器的研究则以孙瀛洲为带头人组成鉴定组，对库藏瓷器特别是清宫旧藏的明清瓷器进行断代研究，以解决瓷器的科学鉴定问题⑥。这样的说法当然不是空穴来风，档案资料显示故宫新中国成立后的窑址调查的直接目标服务于开办陶瓷馆。1949 年 12 月 22 日，故宫决定武英殿改陈陶瓷馆，至 1951 年 3 月 30 日，

---

① 李辉柄：《中国瓷器研究现状与展望》，《南方文物》1997 年第 21 期；收入《李辉柄陶瓷论集》，第 303～309 页。

② 冯先铭主编：《中国陶瓷》，上海：上海古籍出版社，2001 年。

③ 叶喆民：《中国陶瓷史纲要》，北京：轻工业出版社，1989 年。叶喆民：《中国陶瓷史》，北京：生活·读书·新知三联书社，2006 年。

④ 李知宴：《中国陶瓷发展简史》（内部资料），中国历史博物馆印，1981 年 10 月。

⑤ 冯先铭：《记志书中一批有待于调查的瓷窑》，《文物》1979 年第 3 期。李纪贤：《方志等古文献中有关窑址的记载（一）》，《文物资料丛刊》1978 年第 2 期。李纪贤：《方志等古文献中有关窑址的记载（二）》，《中国古代窑址调查发掘报告集》，第 162～173 页。

⑥ 李辉柄：《故宫博物院陶瓷研究五十五年》，故宫博物院编：《故宫博物院八十华诞古陶瓷国际学术研讨会论文集》，北京：紫禁城出版社，2006 年；收入《李辉柄陶瓷论集》，第 383～387 页。

陶瓷馆预展期间①，马衡院长多次就陶瓷馆展出问题与陈万里交流沟通②。利用陶瓷展览发挥博物馆的教育功能，要求陶瓷器的时代、产地、功能的尽可能客观准确，本质上是科学性、真实性要求。对瓷器等藏品的真实性要求是故宫博物院成立之初就面临的任务。1929年故宫专门委员会成立后，古物馆鉴定包括瓷器在内的文物任务，"本馆物品虽多而最难鉴别者，莫如书画、磁器、铜器三种。清代之书画，磁器可不至于有赝品，所难者为明以前物品，当代至鉴赏家能鉴别清磁清画者比比皆是，惟对于明以前物，有真知灼见者甚为难选。"③ 1935年、1936年故宫藏瓷先后陈列于上海伦敦艺术预展会及第二次全国美术展览会，陈万里参观以后对于当时的故宫陶瓷专门委员所审定的窑口和故宫出品图说陶瓷部分，指出了7条瓷器解说的不当之处和9条对瓷器断代、断窑口的错误。认为"原来古代瓷器的定名较之鉴别明清两代的制品，的确困难得多。大概以往的研究瓷器，偏重于明清两代，而忽略了明以前的东西。……为此故宫里一部分古代瓷器命名之有疑问，是毋庸讳言的，何妨再请几位专家来研究一下呢！"④ 进入故宫工作以前，陈万里早已看到了对陶瓷品种、年代、产地进行研究达到尽量准确要求的必要性。

　　故宫的窑址调查一直是把服务于展览、鉴定的科学求真原则作为学术追求长期坚持并努力实践的目标。1962年明确提出，"通过调查解决库藏品北方瓷器中窑别不明问题，从而在陶瓷馆改陈中充实陈列内容和增强科学性。"⑤ 冯先铭认识到"中国瓷器主要发展的历史久，流传下来的瓷器也多，有些瓷器是非科学性的出土品。在

①　《马衡日记：1949前后的故宫（附诗钞）》（1949年）十二月廿二日"武英殿改为陶瓷馆"，（1951年）三月三十日"武英殿陶瓷馆预展。"见故宫博物院编：《马衡日记：1949年前后的故宫（附诗钞）》，第104、186页。

②　《马衡日记：1949前后的故宫（附诗钞）》（1950年）五月十八日"陈万里来谈。下午赴武英殿相度陶瓷馆地址"。五月二十日"午赴武英殿与西谛、万里、兆鹏等计划改陈瓷器"。十二月十四日"又至武英殿看布置情形。陈万里因事赴津，未晤。"（1951年）一月廿三日"万里来谈陶瓷馆陈列之主要重要。"二月十日"下午答于思泊略谈，即赴武英殿看瓷器陈列室，与陈万里、曾广陵商酌，略有变更。四时始毕。"三月廿六日"冒雨赴古物馆与万里、立庵等谈陈列计划，又至武英殿看陶瓷馆之新布置。"见故宫博物院编：《马衡日记：1949年前后的故宫（附诗钞）》，第132、166、176、179、185页。

③　《古物馆专门委员会》，《故宫博物院·组织人事类》卷43，15、71页；转引自郑欣淼《民国故宫学术史初探》（未刊稿），第四届故宫学高校教师讲习班讲义，2015年。

④　陈万里：《故宫一部分古瓷鉴定之商榷》，《陈万里陶瓷考古文集》，第35～39页。

⑤　故宫藏档案资料编号19620530Z，《陶瓷组外出调查古窑址计划》。

此情况下要判别瓷器的产地或窑口是有一定困难的。瓷器的定名往往对照文献记载，有的凭经验，因之牵强附会或以讹传讹就在所难免"①。故宫收藏有全国各地的古陶瓷产品，1980 年以前调查了 13 个省、63 个县市部分窑址，以北方为重点，解决了院藏耀州、旬邑、临汝、鲁山、登封、修武、禹县八卦洞、巩县、定窑、磁州窑、霍县、太原、榆次、越窑、龙泉、景德镇、吉州、长沙及邛崃等 18 个窑部分藏品②。

故宫的窑址调查的科学求真原则还表现在对陶瓷科技研究成果的关注与利用方面。特别是在以原始瓷窑址调查为基础研究我国瓷器起源问题时，利用科研单位使用科学手段对考古发掘调查资料实物标本的化学化验、物理性能、工艺参数和显微结构等数据资料，证明商周时期我国已烧造原始瓷器，经过一千数百年的过渡，到东汉后期烧成了瓷器，说明我国是世界上最早烧成瓷器的国家③。

（四）国际化视野

陶瓷是一种产品，更是一种商品。中国古代陶瓷器生产的先进性决定了陶瓷输出的开放性，随着陆上交通的不断延伸和航海技术的发展，陶瓷作为一种贸易商品行销域外。中国陶瓷早在唐代中期以后就开始大规模底向外域输出，持续时间达千余年，由此形成的"海上丝绸之路"或称"陶瓷之路"，沟通了亚、非、欧、美各大洲的文化与贸易交流。根据 20 世纪后半叶以来的考古发现与发掘成果，东南亚、南亚、西亚、中东、东非、南非、中美洲和南美洲沿海各国古代遗址中都出土了大量的中国瓷器，时代上至唐中晚期，下至清代晚期，产地涉及中国南北方众多窑场。特别是随着 20 世纪 80 年代以来水下考古的发展，引发世界各国对相关海域水下沉船调查、发掘活动的蓬勃开展，更多的出水遗物表明，中国陶瓷的外销到世界各地的规模和构成远远大于我们此前的认识。

故宫的古窑址调查和陶瓷研究工作一开始就具备了国际化视野。陈万里早年与英国大英博物馆东方古物部主任巴兹尔·格雷（Basil gray）和中国陶瓷收藏、研究专家罗伯特·霍布逊（R. L. Hobson）、裴西瓦尔·大威德（Percival David）、奥斯

---

① 冯先铭：《中国陶瓷考古的主要收获》，《文物》1965 年第 9 期；收入《冯先铭中国古陶瓷论文集》，第 91～116 页。

② 冯先铭：《三十年来我国陶瓷考古的收获》，《故宫博物院院刊》1980 年第 1 期；收入《冯先铭中国古陶瓷论文集》，第 117～140 页。

③ 冯先铭：《中国陶瓷考古概况》，《冯先铭中国古陶瓷论文集》，第 141～143 页。

卡·拉裴尔（Oscar Raphel）有交往，其中 1930 年赴欧洲考察期间与英国著名中国瓷器收藏家乔治·尤摩弗帕勒斯（George Eumorfopoulos，陈万里称其为欧慕浮布路司氏，当时的国内陶瓷收藏者多称之为猷氏）相识成为好友，使陈万里"对于研究古瓷的兴趣，一天一天地发育滋长"，并在搜集国外资料等方面得到其很多帮助①。1950 年陈万里在汝窑调查之前，以开阔的视野分析英国乔治·尤摩弗帕勒斯（George Eumorfopoulos）② 提出、霍布逊赞同的影青系汝窑说，日本的原田玄讷认为丽水窑是汝窑制品，英国大威德提出宋官窑汝窑与接近等国外学者对汝窑特征的不同见解，对汝窑的研究起到启迪作用。1954 年福建泉州和广东潮州发现窑址后，陈万里敏锐地意识到和中国外销陶瓷的关系，将福建、广东、浙江等地沿海窑址作为外销瓷产地进行考察。1956 年陈万里在《中国青瓷史略》中专列《青瓷的对外输出》一节，利用文献资料和考古资料，将越窑、龙泉窑青瓷的向外输出分为唐、北宋初至南宋、元代至明早期等三个时期，总结了中国陶瓷至东南沿海地区至南亚、东南亚、西亚、欧洲等地的行销路线和贸易瓷器品种③。1959 年陈万里又根据文献记载、窑址调查标本和馆藏实物，发表了对外销陶瓷品种之一"青白瓷器"的看法④。1963 年陈万里通过总结宋元明有关瓷器的出口资料，梳理出中国陶瓷外销的对外路线，自海南岛南至现在的印度支那半岛，以迄马来半岛东岸，自北往南是印度尼西亚，由印度尼西亚东北到菲律宾，西北到马来半岛西岸、孟加拉，以至锡兰岛；经印度洋到印度大陆的卡利卡特，到达现属伊朗的忽鲁谟斯，更由此经阿拉伯半岛南行，所走东非之木骨都束，即现在索马里首都的摩加迪沙。此外如卜剌哇、竹步等都在北非东北部沿海对着印度洋的一些地方，中国瓷器随着郑和的下西洋而远航到达了东非的索马里。宋初至清末对外交易用的瓷器，为青花瓷器以及青瓷两大类，中国的青花瓷器已极受欢迎。青瓷的产地有处州及泉州两处，泉州古代窑址的发现，

---

① 陈万里：《忆欧翁》，陈万里：《故宫一部分古瓷鉴定之商榷》，《陈万里陶瓷考古文集》，第 33、34 页。

② 以上国外学者汉译名承蒙北京大学考古文博学院秦大树教授，牛津大学考古学院名誉研究员、东方古陶瓷学会顾问李宝平先生见告，特此致谢。

③ 陈万里：《中国青瓷史略》，上海：上海人民出版社，1956 年；收入《陈万里陶瓷考古文集》，第 113～146 页。

④ 陈万里：《我对"青白瓷器"的看法》，《文物参考资料》1959 年第 6 期；收入《陈万里陶瓷考古文集》，第 258～262 页。

就显得非常重要。除了瓷器外，还有日用的大小水埕、瓮、罐之属的粗器，也远涉重洋送到东南亚各地去，以满足当地人民日用生活的需要①。这些资料对当时和此后中国沿海地区陶瓷窑址的调查与研究提供了重要的线索，促使人们从瓷器生产地、传播路线、域外使用地区的视野观察研究中国古陶瓷。

　　20世纪60年代以后，国家有关部门多次组织以故宫为承办单位的古陶瓷和陶瓷考古展览，从一定程度上促进故宫的学者有更多的机会研究域外出土中国古陶瓷，与国外学者开展学术交流，增加了中国学者在国际陶瓷外销研究舞台上的话语权。1965年，文化部等组织"赴日陶瓷考古展览"②，1981年国家文物局在英国和中国香港分别举办"中国古瓷窑址展览""中国古窑址瓷片展览"（图5.2、图5.3）③，

图5.2　1981年英国伦敦《中国古瓷窑址》展览图录

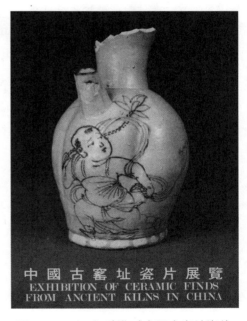

图5.3　1981年香港《中国古窑址瓷片展览》图录

---

① 陈万里：《宋末—清初中国对外贸易中的瓷器》，《文物》1963年第1期；收入《陈万里陶瓷考古文集》，第284~290页。

② 故宫藏档案资料编号19650014Z，《关于发有关省文化局请求提供窑址方位图函》。

③ 故宫藏档案资料编号19801390Z，《中国陶瓷古窑址展览协定书》。冯先铭《中国陶瓷考古概论》，为1981年9月在香港举办《中国古窑址瓷片展》而写，原文刊于该展览图录；收入《冯先铭中国古陶瓷论文集》，第323~327页。

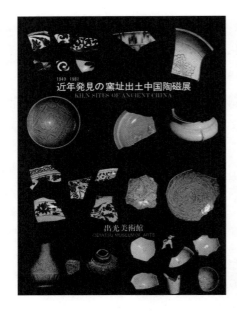

图 5.4　1982 年日本《近年发现的窑址出土中国陶瓷展（1949～1981）》图录

1982 年故宫博物院等在日本举办"近年发现的窑址出土中国陶瓷展（1949～1981）"（图 5.4）①，一方面使海外学者看到了中国古陶瓷窑址调查考古的新资料、新发现和研究成果，并进一步邀请中国学者到国外参观、考察、讲学；一方面使长期从事古陶瓷调查研究的故宫学者更多地掌握国外出土收藏中国陶瓷的状况，并争取更多的机会深入了解中国陶瓷的外销情况，研究陶瓷在中外文化交流中发挥的作用。20 世纪 80 年代以后，随着扩大对外开放，外销瓷研究日益成为包括故宫古陶瓷学者在内的中国陶瓷学界热烈讨论的问题，其中故宫的古窑址调查成果对外展览发挥的持续作用功不可没。冯先铭总结的中国古代外销瓷问题、元以前我国瓷器行销亚洲的考察②，李辉柄总结的长沙窑的内销与外销③等问题，都引起了中外学界的关注。另一方面，国际化的视野加上新资料的积累，促进以前难以研究的课题得以深化讨论。如关于青花瓷起源，韩国新安沉船出土瓷器，印尼"黑石号"沉船出土中国瓷器等相关问题，在中外学者的共同努力和探讨中达成了许多基本一致的学术共识。

二　故宫的窑址调查活动的影响

故宫是以国家学术的力量和接力式的组织方式，在全国范围内开展窑址调查，

---

① 冯先铭：《近年中国陶瓷考古的新成果》，1982 年 4～5 月在日本东京举办《近年发现的窑址出土中国陶瓷展（1949～1981）》图录的序言；后以《中国陶瓷考古新成就》为题收入《冯先铭中国古陶瓷论文集》，第 313～315 页。

② 冯先铭：《中国古代外销瓷问题》，《冯先铭中国古陶瓷论文集》，第 21～25 页。冯先铭：《元以前我国瓷器行销亚洲的考察》，《文物》1981 年第 6 期；收入《冯先铭中国古陶瓷论文集》，第 37～41 页。

③ 李辉柄：《长沙窑瓷器的内销与外销》，湖南考古所等：《长沙窑》，紫禁城出版社，1996 年；收入《李辉柄陶瓷论集》，第 398～403 页。

成为这方面工作的主导机构，进而影响带动了全国性的古窑址调查活动。20 世纪 50 年代故宫调查窑址数量占全国调查窑址的 45％，这是任何一家中央级或区域性的文博机构无法做到的。故宫的窑址调查坚持以历史名窑为研究重点，对地方的相关工作发挥了长期的影响带动作用。

　　一方面，在故宫组织学者重点对河南、陕西、山西、江西、浙江、福建等省区调查窑址过程中，不少省份文博工作者由于直接陪同调查、参加座谈讲座等，认识到窑址调查对于鉴定文物、文物保护的重要性，开始在工作中有意识地组织窑址调查工作（图 5.5）。1953 年，江西省景德镇陶瓷馆按照陈万里在湘湖、湖田几处采集的方法，派人到婺源县的清华调查，发现烧窑的地方不少，而由湖田向南的三宝蓬附近尤多，主要调查地点有柳家湾、牛屎岭、枫湾、三宝蓬、南市街、宁村等①。这一时期故宫的陈万里、冯先铭等常去浙江，带领朱伯谦等人考察过越窑、瓯窑、婺州窑和龙泉窑窑址，使浙江省考古文博机构的同志掌握了古窑址的调查方法，学到了陶瓷的基本知识，为浙江的古陶瓷研究打下了坚实基础，在文物普查和众多的基本建设工程中陆续发现了一批瓷窑址。其中比较重要的有萧山县进化区东周原始瓷窑址、上虞县窑寺前、鄞县东钱湖越窑窑址、德清县焦山、城山、小马山窑址②。福

图 5.5　1979 年冯先铭（右一）在福建省博物馆曾凡（左二）全程陪同下考察福建窑址（冯小琦供图）

---

① 陈万里：《景德镇几个古代窑址的调查》，《文物参考资料》1953 年第 9 期，收入《陈万里陶瓷考古文集》，第 172～175 页。
② 朱伯谦：《浙江古代瓷器的研究》，《中国古陶瓷研究》第三辑，北京：紫禁城出版社，1996 年；收入朱伯谦《揽翠集——朱伯谦陶瓷考古文集》，北京：科学出版社，2009 年，第 107～110 页。

建的窑址调查也得到过故宫陈万里的指导。1955 年 4 月，福建省光泽县茅店修建鹰厦铁路辅助公路时发现了茅店窑址，窑址恰在公路线上，全貌已无法辨认，公路北断面和南面留有一部分堆积。因通车任务紧急，福建博物馆的曾凡等人在公路南边打了一条宽 1 米、深 1 米的探沟，清理堆积物非常丰富，都是同一时期遗物，但对窑址的年代没有定论。1956 年 10 月陈万里赴闽调查窑址，听取了茅店窑址的情况介绍，查看了窑址资料，认为是宋代窑址颇为重要。曾凡以此整理报告了茅店窑址的资料①。

　　另一方面，故宫的窑址调查注重资料整理与及时公布，通过当时国家文物局主办的《文物参考资料》（1959 年后更名为《文物》）刊发调查报告，影响各地文博机构按照故宫对窑址调查的思路、方法、整理发布调查结果。1950 年 5 月 24 日，中央人民政府政务院颁发《古文化遗址及古墓葬之调查发掘暂行办法》。1953 年 8 月 14日，政务院颁发《中央人民政府政务院命令》重申这个办法，规定各单位进行工程时发现遗址和古墓葬，不得擅自发掘，违者根据情节轻重予以处分。新中国成立以后基本建设工程的蓬勃开展，对发现的大批古瓷窑址如何调查发掘、如何整理报告，故宫的窑址调查成果资料很快成为各地学习借鉴的参考范本。

　　故宫的窑址调查活动的学术影响在古窑址分布密集地区，又是传统陶瓷产区表现的尤为明显。这种影响体现为调查活动的及时跟进和学术观点的完全遵从以至感情上的崇拜。以古代钧窑所在的河南省禹州市（原禹县）为例，20 世纪后半叶故宫学者先后 5 次赴禹县开展窑址调查②。1950 年 11 月，陈万里、杨忠礼调查禹县神垕、扒村窑址。1964 年 3 月，冯先铭、叶喆民、杜廼松、方国锦调查神垕刘家门等窑址和扒村窑。1977 年李辉柄、李知宴调查钧台窑、扒村窑等。1982 年，冯先铭、李辉柄、王莉英、杨静荣调查禹县钧窑、扒村窑。1984 年 5 月，冯先铭、李毅华调查禹县钧台窑和神垕、磨街、鸠山、方山、苌庄、扒村、苌庄等乡镇窑址③。20 世纪60 ～80 年代，紧随故宫学者窑址调查，禹县当地组织力量在对古瓷窑址进行过 4 次调

①　曾凡：《光泽茅店宋代窑址》，《文物参考资料》1958 年第 2 期；收入福建博物馆编：《福建考古资料汇编（1953～1959）》，北京：科学出版社，2011 年，第 10～13 页。

②　故宫博物院编、冯小琦主编：《故宫博物院藏中国古代窑址标本·河南（下）》之《窑址调查纪要》，第 738～740 页。

③　苗锡锦主编：《钧瓷志》之《大事记》，郑州：河南人民出版社，2000 年，第 321 页。

查①。第一次调查，1964 年 8 ~ 10 月由县档案馆、手工业管理局、县瓷厂、陶瓷一社参加的钧瓷史料编写小组组织开展。分两个阶段发现钧瓷遗址 110 处，其中禹县境内 96 处，郏县、临汝、登封等临县 14 处，择其有代表性窑址 50 处，选取瓷片和窑具标本 432 件。第二次调查，1980 年冬至 1981 年春，禹县文管会、文化馆曹子元为建立钧瓷陈列馆和弄清钧瓷兴盛状况，除对具体地名的 87 处窑址进行复查外，又发现 15 处窑址，总数为 111 处，计能列出村名、方位者为 102 处。第三次调查，1982 年 4 月，禹县神垕镇钧瓷工业公司对一些窑址进行复查。以实物标本判断了宋、金、元各时期钧窑窑场的分布情况、主要窑址的规模范围以及烧造产品的类型。第四次调查，1983 年至 1984 年底，全县境内古瓷窑址专题调查，发现窑址 147 多处。能确定时代的 113 处窑址中，唐代 3 处，北宋早期 11 处，北宋中晚期 33 处，金元 66 处。基本掌握了禹县陶瓷窑址分布情况，发现钧瓷在全县范围内从南向北发展，神垕镇处于窑址分布的南部，以神垕为中心，向全县发展，并影响黄河南北及南方一些窑口。绝大多数窑址分布在县域西南、西部、西北、北部的山岗地区，主要原因是有煤、柴作燃料，蕴藏丰富瓷土，并且地处颍河、蓝河、涌泉河、肖河等流域，水源便利。

主要调查人曹子元、教之忠、苗锡锦等，是先后陪同故宫学者调查的基层文化专干，调查方法是对故宫学者的学习和模仿，对采集标本年代的判断依据，也来自于故宫学者对钧窑的研究成果。目前看来，钧瓷窑址的调查与发现存在一定问题：一是 1984 年以前多次钧窑遗址调查着重发现钧瓷标本，忽视其他陶瓷品种，未能反映各窑址的生产全貌。二是窑址断代依据故宫李辉柄提出，当时认可的钧窑产生于北宋早期、北宋末年达到鼎盛、金元复兴的说法。三是钧窑分期遵循故宫冯先铭、叶喆民提出的把刘家门窑作为北宋早期民窑窑址的代表，把钧台窑作为北宋末期官

① 曹子元：《禹县古瓷窑址的分布概述》，政协河南省禹县委员会文史资料研究委员会编《禹县文史资料》第三辑，1987 年，第 59 ~ 67 页。曹子元：《禹县古瓷窑址简介》，河南文物研究所编：《河南古瓷窑址资料汇编》，1985 年，第 72 ~ 76 页；曹子元：《从禹县古瓷窑址的调查看钧瓷窑址的分布特点和兴盛状况》，《景德镇陶瓷》1984 年总 26 期，第 189 ~ 190 页；田松山、晋佩章：《从禹县九十六处钧窑遗址的调查浅谈钧台窑的艺术成就》，《景德镇陶瓷》1984 年总 26 期，第 177 ~ 188 页。曹子元：《"钧台"与"钧窑"》，河南省文物研究所编：《河南钧瓷汝瓷与三彩——中国古陶瓷研究会、中国古外销陶瓷研究会一九八五年郑州年会论文集》，北京：紫禁城出版社，1987 年，第 43 ~ 46 页。

窑窑址的代表。四是地方调查者把每个窑址时代定为一个较短时期。这些问题的原因一定程度上是窑址调查本身的局限性无法克服的，更多的来自对故宫学者关于钧窑调查方法与研究结论的遵从。

故宫的窑址调查成果，通过在英国、日本、中国香港等地举办窑址标本展、陶瓷考古展览等形式，在国际上树立了良好形象，为故宫博物院成为世界性的博物馆起到了增光添彩的作用。参与窑址调查的故宫学者还秉承古为今用、服务当代的思想，在新中国成立后恢复古代工艺美术品的大潮中发挥了一定的指导作用，故宫在国内的社会影响不但被认为是中国古陶瓷研究、鉴定的权威机构，而且是中国现代陶瓷发展的指导中心之一①。

三　批评与反思

（一）与中国考古学主流的脱离

中国现代考古的肇兴，是在引进欧洲考古学的同时，又继续发扬中国学术传统，形成的一个全新学科②。1927 年以后大规模的科学发掘工作展开，突破了金石学的狭窄范围，考古学已经发展成为独立的学科③。这是 20 世纪 20 年代以来以窑址调查为基础的陶瓷考古活动诞生的学术背景。1949 年以后中国考古学进入一个新阶段，其中一个标志是具体研究的方法的改变和进步。田野考古成为发展的主流，经过训练的田野考古工作者，采用严密的田野工作方法，尤其是地层学的分析和大面积的揭露，使考古学建立在巩固的基础之上。碳十四断代年代法的发现和应用是被认为史前考古学发展史上的一场划时代的革命。其他自然科学方法也被广泛地应用来鉴定年代、鉴定古物的质料、产地和制造工艺等。另一个标志是考古工作中扩大了所涉及的地域和延伸了研究对象的时间范围。在全国各地新发现了数以千计的古墓葬和古居住址，其中一部分已加以发掘。除了继续开展史前考古学以外，还做了大量的历史时期遗存的调查和发掘。国内外研究中国古代美术史和科技史的学者都承认：

①　陈帆主编：《中国陶瓷百年史（1911～2010）》，第 56～61 页。
②　徐苹芳：《中国现代考古学的引进及其传统》，《中国文物报》2007 年 2 月 9 日第 7 版。
③　徐苹芳：《考古学简史》，载《考古学基础》，北京：科学出版社，1958 年，第 154～166 页。

这些考古发现使他们不得不重写他们的专门史。由于古代中国在世界文明史中所占有的重要地位，中国考古学的工作具有世界性意义①。

故宫的窑址调查活动在一开始是陈万里主导开展。陈万里在 20 世纪前叶以个人兴趣在浙江等地的窑址调查中积累了一定经验，其考古学理念虽然是许多人不具备的，但其手段是到窑址采集标本，很大程度上来自他开展卫生防疫和流行病的社会学及医学调查方法。当时的国家文物局决策者可能是看到了陈万里的优势与不足，以行政命令的公文形式对故宫的整个窑址调查服务于陶瓷展览的目的，运用考古学记录的手段和内容进行了全面的要求。从实际来看，除了故宫在窑址调查采集瓷片和窑具时注意按不同分区采集标本之外，国家文物局以行政方式对窑址调查的学术要求并没有得到全面落实。但因为故宫开展的这项工作在国内是最早的，调查窑址数量较多，又都是历史名窑，仍然可以在全国保持领先地位。同时，陈万里本人也清醒地看到窑址调查的局限性，而不止一次地提出要弄清窑场面貌必须做系统的全面调查和重点发掘。但遗憾是当陕西、浙江等省文博机构开始以田野考古的方法发掘耀州窑、上林湖越窑、龙泉窑时，故宫个别的执行者放弃了窑址发掘的机会。

故宫的窑址调查与整个 20 世纪后半叶中国考古学主流的脱离，首先表现在理念、技术、方法上的落后。一是长期延续以采集瓷片为主要手段的窑址调查手段。对窑址的考古调查尽管在古陶瓷研究学术史上是一个重大进步，但有着相当的局限性。首先，窑址调查没有以考古发掘为基层的地层关系和器物类型学排队相结合的分期研究，同时可做参照的其他考古材料又比较缺乏，因此难以进行分期断代，不能全面了解某一窑场不同时期的产品特征。其次，窑址调查难以从整体上把握窑场的生产面貌。调查者把目光较多地盯在带装饰的器物、器型和釉色特殊的标本和收藏热点器物上，常常忽视窑场中的主流和大众化的产品，因而容易造成假象。由于调查所获得的资料大多数器型特殊和带有装饰的器物，所以，用某一类或几类釉色和装饰的瓷器串联数量众多的窑址，就成为一种不得已和必然的结果②。二是在对遗物的整理中生硬地移植了考古学的类型学方法，对各类釉色的瓷

---

① 中国社会科学院考古研究所编著：《新中国的考古发现与研究》之夏鼐《前言》，北京：文物出版社，1984 年，第 1～3 页。

② 秦大树：《论"窑系"概念的形成、意义及其局限性》，《文物》2007 年第 5 期。

器分成大类之后，对碗、盘、罐、瓶等器类多种造型按式分类，出现了以式代替类型中的亚型的错误。这样在以纪年资料比对窑址出土器物时，比对是个别的器物，而不能确定是产品出现、发展到某一阶段的器物，只能按照与最早、最晚纪年资料对比的器物年代作为窑址年代的上下限。窑址产品既没有地层关系反映的相对年代的造型演变关系，难以看到不同时期同类器型的演变、窑场产品的时代变化。也没有科学的统计数据，无法按照产品种类、器型及工艺、装饰特征等因素确定哪种产品是该窑的主要产品。

故宫的窑址调查研究与中国考古学最大的差距还表现在考古学解释方面。20世纪40年代以后，进入成熟阶段的中国考古学开始建立在考古资料综合研究之上的理论阐释，明确了考古学作为历史学科的目标，即通过考古研究揭示人类社会的发展规律。故宫的窑址调查与研究一直停留在积累资料的初级阶段，未能在考古学解释上取得应有的成就。其中突出的表现，是在对古代窑址关系的判断中以"窑系"的概念简单地框出了南北方众多窑场的关系。20世纪60年代以后，冯先铭在总结窑址产品面貌时常用"窑系"概念表达窑场的相互关系①，在20世纪80年代出版《中国陶瓷史》中将宋代制瓷业归为六大窑系②。首先，窑系的划分是以某些特定的釉色和装饰为依据的，它所代表的是一类瓷器，而非一个窑场或一个区域内瓷器的生产。其关注的主要是釉色和装饰，对工艺技术的关注则非常有限，所以基本上不能从时代和生产规模上反映瓷器手工业的发展状况，而这一点恰恰是考古学，尤其是历史时期考古学所特别关注的问题。其次，各地窑场的产品种类在不同的时代都有发展、变化，因此从窑系划分的观念看，普遍存在着交叉生产的现象。因此，如果不考虑时代的因素，就会看到在一个窑址中发现了数个窑系的产品。这说明，窑系的划分并不能体现各窑场产品的时代变化，它忽略了宋元以来商品生产对手工业发展的巨大影响。第三，由于仅仅以产品的种类来划定某些窑系，又以某个名窑的产品作为划分的标准，使得窑系的划定区域极不合理，常常是一个窑系的分布可以跨越南北方的广远地区。同时，在一个狭小的地域，又有几个不同窑系的窑场分布。宋元时期，陶瓷生产的主要特点就是丰富多彩，如果勉强以某几种特定的产品来串联数量

① 冯先铭：《三十年来我国陶瓷考古的收获》，《冯先铭中国古陶瓷论文集》，第117～140页。

② 中国硅酸盐学会主编：《中国陶瓷史》，第232～265页。

众多甚至工艺都不相同的产品牵强地联系在一起。结果是这种窑系的划分既不反映工艺技术的传承流布，也不体现某一区域陶瓷工艺技术的发展①。说到底，"窑系"的概念从古代收藏角度出发又受到编撰谈瓷文献的较大影响，曲解了西方学者谈及中国陶瓷的类型、风格等词汇，提出的相对模糊、笼统的概念。故宫以窑址调查为基础的研究成果，从本质上没能借鉴中国考古学的理论与成果，很难做到从区系类型理论出发，运用文化因素分析方法，总结解释中国古代数千年陶瓷手工业发展的区域性和阶段性面貌。

（二）　学术价值观的差异

故宫的窑址调查之所以对于中国考古学主流思想与理论成果发生的历史性变化与进步不能及时地吸收、回应，一定时期停留在满足收集整理资料的低层次阶段，其中重要原因是在不同阶段甚至同一阶段，两种不同的学术价值观存在一些根本性的差异。

1960 年，陈万里总结回顾新中国成立后十年窑址调查的历程是"由于（1950 年赴河南临汝）这次调查的目的，仅仅在于要复核一下近来所谓刻花汝窑的作品，希望能够得到一点实物的碎片，来证实它的烧造地点；可是此行的结果，竟在临汝县境内发现了好几处窑址，并且在宝丰、鲁山两县境内又发现了窑址两处，可以确切认定以往所不能明了出处的出土器物，因是感觉到这种调查工作有它的必要。到了第二年仍在河南及河北两省内选择几处进行，都能得到意外的收获。除了为帮助鉴定古器物的这个最初目的以外，以为这种调查对于将来编写中国陶瓷史的时候，可以提供许多实在的资料。同时惊异于各地方古代窑址的分布区域，又是如此之广泛，可以补正已往文献上所提到仅有几十处窑址的疏漏。"②明确指出窑址调查最初目的是鉴定古物，长远目标是编写陶瓷史。

1980 年，冯先铭总结窑址调查和发掘的目的有六。（1）搞清烧瓷历史，创烧于何时，何时停烧，因为什么停烧的。（2）属于什么性质，是官办还是民营。（3）使用什么生产工具，诸如窑炉结构，匣钵，支具，燃料等等。（4）烧什么器物，有哪些品种，装饰有什么特色。（5）与邻近窑址有什么关系。（6）通过调查，发掘标本

---

①　秦大树：《论"窑系"概念的形成、意义及其局限性》，《文物》2007 年第 5 期。

②　陈万里、冯先铭：《故宫博物院十年来对古窑址的调查》，《故宫博物院院刊》1960 年总第 2 期。

解决传世和墓葬出土瓷器的窑口①。针对是某一个窑址的调查，大体也是为了鉴定瓷器和弄清其发展历史。

可以看出，故宫学者对窑址调查的学术理想是寓"鉴定文物"的基本目标于"撰写陶瓷史"的长远目标之中。从做好院藏文物鉴定工作、服务于陶瓷展览的现实任务出发，在实践中树立长远目标，服务于中国陶瓷史的撰写与研究。鉴定陶瓷的真伪，时代、产地、功能是脱胎于传统金石学、古物学的价值观，运用的是文物鉴定学的方法、手段来完成；撰写陶瓷史是历史学的价值观，需要考古学的手段来支撑。其实上是树立了两种价值观不同的学术目标，在具体的落实当中必然出现行动上纠葛与效果上的矛盾。

鉴定面对的是器物，属于文物学的范畴。定位于历史学的陶瓷考古也面对器物，但仅仅描述、解释器物充其量是积累资料，远远达不到透物见人、复原社会、走进历史的目标。馆藏或征集的古代陶瓷，一类是传世瓷器。数量上较多的明清传世瓷器特别是官窑瓷器有清楚的年款、成序列的造型、纹饰特征，排除了真伪问题、后世仿前世问题，鉴别时代窑口需要长时期的经验积累和方法掌握。一类是失去环境信息的出土瓷器。大多是宋元瓷器，既有官窑瓷器也有民窑瓷器，其鉴定工作主要依赖窑场出土瓷器的胎釉特征蕴含的产地信息、墓葬等出土纪年瓷器的造型纹饰反映的时代信息，二者各自分类排队得出器物以工艺特征为中心的年代学发展序列，将瓷器至于这种发展序列中判断出时空坐标中的时代与窑场所在。定位于历史学的陶瓷考古对瓷器和瓷窑址的研究不同于文物鉴定学的研究，其注意力和追求的目的更重于史的一面。既然是研究历史，就脱不开和人的关系，和瓷器相关的人约有生产者、运销者、使用者以及受瓷业经济影响者种种。对前两种人，研究者注意较多，但对后两种人在以往的研究中涉及较少。其实对瓷器拥有使用人及其社会、经济地位的分析，才是研究瓷器的使用与普及变化情况的唯一考古学、社会学证据。至于关注受瓷业经济影响者，这就更加广泛、深入地涉及社会学和经济学的内容。只有注意或加强对后两种人的分析与研究，才能使我们的研究走出瓷器自身的小圈子而进入社会历史的范畴②。

---

① 冯先铭：《三十年来我国陶瓷考古的收获》，《冯先铭中国古陶瓷论文集》，第117～140页。

② 王光尧：《关于陶瓷考古的几个问题——代〈南方文物〉"土与火的艺术"主持辞》，《南方文物》2008年第1期。

　　故宫的不少陶瓷学者虽然树立了远大的陶瓷史目标，但靠积累器物资料书写一个个陶瓷窑口的历史、不同瓷器品种的历史，通常要耗费大半生的精力，远远不能完成书写中国陶瓷历史的任务，就必然时常处于长远目标和现实任务的纠葛之中。所以，古陶瓷领域的学术目标问题是定位于鉴定文物，还是书写历史，两者的矛盾与统一，不仅是学术价值观的问题，更是实践中必须解决的问题。

（三）故宫古窑址调查的反思

　　综观 1949～1999 年半个世纪的历程，20 世纪 50 年代故宫在陈万里、冯先铭等带领下所做的古瓷窑址调查工作最为引人瞩目，学术水平高，发表资料及时，在全国产生了较强引领作用。1950 年为寻找汝窑产地，陈万里赴河南重点考察宋代汝州州治所在地当时的临汝县（今汝州市）。复查了原田玄讷调查的窑址，又发现新的窑址，但仍为原田所报道的印花青瓷[①]，后来通过与故宫的传世品对比，证明这些窑址并非汝窑的产地，遂将这些窑址称为临汝窑。并调查了临汝、禹县等地的汝窑、钧窑遗址，提出钧窑属民窑且始烧于金，生产时代为金元一段时期[②]。1951 年陈万里对河北省曲阳县定窑窑址进行调查，确认定窑所在地[③]。一路南行到今河北南部和河南北部开展系列调查，在当时的安阳县发现了观台窑和冶子窑，并再一次调查彭城镇；明确指出"磁县西南乡发现的冶子窑，无疑地为古代磁州窑之一"。首次正式报道了漳河流域的磁州窑遗址。还在安阳天禧镇发现北善应窑、西善应窑、天僖镇窑 3 处窑址；出土大量唐宋时期的白瓷，称其为安阳县窑址[④]；进而又调查河南修武当阳峪窑，汤阴鹤壁集窑等[⑤]。1953 年陈万里根据《陶记》《景德镇陶录》等文献记载，前往景德镇浮梁县（白）石虎湾、湘湖、湖田进行调查，指明"影青瓷"产地就在景德镇[⑥]；

---

① 陈万里，《汝窑的我见》，《文物参考资料》1951 年第 2 期；收入《陈万里陶瓷考古文集》，第 149～153 页。

② 陈万里：《禹州之行》，《文物参考资料》1951 年第 2 期；收入《陈万里陶瓷考古文集》，第 154～156 页。

③ 陈万里：《邢越二窑及定窑》，《文物参考资料》1953 年第 9 期；收入《陈万里陶瓷考古文集》，第 163～171 页。

④ 陈万里：《调查平原、河北二省古代窑址报告》，《文物参考资料》1952 年第 1 期；收入《陈万里陶瓷考古文集》，第 157～162 页。

⑤ 陈万里、冯先铭：《故宫博物院十年来对古窑址的调查》，《故宫博物院院刊》1960 年总第 2 期。

⑥ 陈万里：《景德镇几个古代窑址的调查》，《文物参考资料》1953 年第 9 期；收入《陈万里陶瓷考古文集》，第 172～175 页。

1954 年再次调查了杨梅亭、盈田窑址，断定在湖田、湘湖一带是唐代盛烧青釉器的地区①；随后故宫多次对景德镇古瓷窑址进行调查。在发现新窑址同时，重新确定了窑址年代，指出了一些五代和北宋时期的窑址②。1954 年陈万里再次对鹤壁集瓷窑遗址进行专题调查③。1954 年陈万里、冯先铭、李辉炳首次对铜川黄堡窑址进行实地调查，发现了北宋元丰七年（1084 年）刻立的《德应侯碑》，确定了宋代耀州窑址所在地④。1956 年陈万里对泉州东门窑、德化窑、同安汀溪窑进行调查⑤。1956 年为探寻 1922 年在羊皮岗石室中发现的四座佛像的产地，佛像中有刻铭"潮州水东中窑甲"表明产地在潮州地区，陈万里前往潮州调查确认水东窑是否就是佛像的产地⑥。1957 年，冯先铭为解决定窑的上下限、紫定和黑定的问题，再次前往定窑窑址调查，并采集大量标本⑦。此后，故宫学者又于 20 世纪 70～90 年代以及 2000、2005 年多次对涧磁村、燕川村定窑窑址进行调查，采集了大量标本。2006 年，故宫博物院将后期调查定窑遗址的资料连同陈万里、冯先铭早年两次调查所获出版刊布⑧。1957 年冯先铭、李辉柄到长沙铜官镇瓦渣坪进行调查，初步确定铜官窑烧制釉下彩瓷器⑨。1957 年冯先铭等还调查巩义窑址，发现三处唐代窑址⑩。

　　20 世纪 60～70 年代，对古代窑址的考古调查已在全国普遍开展，故宫依然持续

---

① 陈万里：《最近调查古代窑址所见》，《文物参考资料》1955 年第 8 期；收入《陈万里陶瓷考古文集》，第 199～202 页。

② 冯先铭：《三十年来我国陶瓷考古的收获》，《故宫博物院院刊》1980 第 1 期；收入《冯先铭中国古陶瓷论文集》，第 117～140 页。

③ 陈万里：《鹤壁集印象》，《文物》1957 年第 10 期；收入《陈万里陶瓷考古文集》，第 231～234 页。

④ 陈万里：《我对于耀瓷的初步认识》，《文物参考资料》1955 年第 4 期；收入《陈万里陶瓷考古文集》，第 194～198 页。

⑤ 陈万里：《调查闽南古代窑址小记》，《文物参考资料》1957 年第 9 期；收入《陈万里陶瓷考古文集》，第 225～230 页。

⑥ 陈万里：《从几件瓷造像谈到广东潮州窑》，《文物参考资料》1957 年第 3 期；收入《陈万里陶瓷考古文集》，第 220～224 页。

⑦ 冯先铭：《瓷器浅说（续）》，《文物》1959 年第 2 期。

⑧ 故宫博物院古陶瓷研究中心编：《故宫博物院藏中国古代窑址标本·河北卷·定窑》，北京：紫禁城出版社，2006 年，第 179～253 页。

⑨ 冯先铭：《从两次调查长沙铜官窑所得到的几点收获》，《文物》1960 年第 3 期。

⑩ 冯先铭：《河南巩县古窑址调查记要》，《文物》1959 年第 3 期；收入《冯先铭中国古陶瓷论文集》，第 145～147 页。

组织了有较强学术目标的、覆盖全国的窑址调查，通常是根据文献记载寻找相关窑址，有时则为寻找某些早期重要出土品的产地，也有时是为了填补某些地区窑址调查的空白。1962 年冯先铭①、叶喆民②先后调查当阳峪窑，随后均撰文进行讨论。冯先铭还于同年对密县西关、登封曲河等地进行调查，初步认识了西关窑、窑沟窑和曲河窑这三处重要窑址③。1964 年冯先铭、叶喆民、方国锦、杜乃松 4 人到河南临汝、禹县调查了 11 处汝、钧窑遗址。汝窑遗址包括严和店、轧花沟、下任村三处，产品以印花碗、盘等日用器为主，后将这类器物称为"临汝窑"④；叶喆民则报告了钧窑址的情况，指出禹州神垕刘家门窑址是生产水平最高的窑场⑤。同年，李辉柄又对河北磁县观台、冶子、东艾口三个窑址进行了较为详细的调查，并发表了调查报告⑥。1977 年冯先铭等调查浑源窑遗址，报告了其基本面貌，提出浑源窑与辽早期瓷窑有关，金元时期浑源窑制瓷业规模及产量均较大⑦。同年，时在故宫博物院工作的叶喆民前往宝丰清凉寺窑址调查，在窑址上采集到一片天青釉汝瓷片，经科技检测与故宫所藏传世汝窑盘成分相同，被认为是寻觅汝窑窑址的有利线索⑧。1977 年李辉柄、李知宴调查早年发现的河南鲁山段店窑，找到了文献记载的花釉腰鼓的生产地点，证明段店窑一直延烧到宋元时期⑨。大体是差肩于故宫的窑址调查，其他省市级的文博单位也开始对古代窑址进行调查，工作方法基本是学习故宫模式的窑址发现、记录和基本面貌的报告。这些工作对后来乃至今天的考古工作和研究都产生了重要的影响。

---

① 冯先铭：《当阳峪窑址》，载《中国大百科全书·考古学》，中国大百科全书出版社，1986 年，第 87 页。

② 叶喆民：《论当阳峪窑与磁州窑系》，《中国陶瓷》1982 年第 1 期。

③ 冯先铭：《河南密县、登封唐宋古窑址调查》，《文物》1964 年第 3 期；收入《冯先铭中国古陶瓷论文集》，第 149 ~ 158 页。

④ 冯先铭：《河南省临汝县宋代汝窑遗址调查》，《文物》1964 年第 8 期；收入《冯先铭中国古陶瓷论文集》，第 163 ~ 172 页。

⑤ 叶喆民：《河南省禹县古窑址调查记略》，《文物》1964 年第 8 期。

⑥ 李辉柄：《磁州窑遗址调查》，《文物》1964 年第 8 期；收入《李辉柄陶瓷论集》，第 5 ~ 22 页。

⑦ 冯先铭：《山西浑源古窑址调查》，文物编辑委员会编：《中国古代窑址调查发掘报告集》，北京：文物出版社，1984 年，第 416 ~ 421 页。

⑧ 叶喆民：《汝窑址发现经过与再考察记略》，《南方文物》2000 年第 4 期。

⑨ 李辉柄、李知宴：《河南鲁山段店窑》，《文物》1980 年第 5 期；收入《李辉柄陶瓷论集》，第 55 ~ 65 页。

在窑址调查过程中，故宫的老一代学者很早就敏锐地看到全国范围内瓷窑考古发掘初见成果，为古陶瓷研究打开了新的研究方式。全国范围内对古代窑址进行考古发掘始于 20 世纪 50 年代，其中又以南方地区开展较早。窑址的发掘分为三种情况，第一，是为了配合基本建设，主要针对即将毁灭的窑址；第二，对调查发现的窑址进行小规模试掘，以了解窑址的基本面貌，有时也常常对暴露的遗迹进行清理；第三，带有学术目的开展的主动性考古发掘。但这种主动的发掘也常常规模不大，以暴露的窑炉等重要遗迹为中心。20 世纪 50 年代前、中期在广东、杭州和四川开展的对古代窑址的考古发掘，如果认为是一种初步的探索，到 1958 年在北方地区同时开展的对陕西铜川黄堡镇耀州窑遗址①，河北磁县观台镇磁州窑遗址②和河南临汝严和店窑址的发掘③，构成了对窑址开展考古发掘工作的创始，标志着一个新的研究时代的开始。20 世纪 50～80 年代，各级文物机构基本完成了古代瓷器生产地点——窑址的发现任务。大部分窑址都已被发现，并做了简单的调查。但若对各地点的生产面貌深入了解，或做分期研究，就需要开展深入的调查或考古发掘工作。因此，从 20 世纪 80 年代开始，陶瓷考古的主要工作就变为以考古发掘为主，一些古代文献记载过的所谓"名窑"大体都经过了考古发掘，而且多数都经过了不止一次的发掘④。遗憾的是，也就是在 20 世纪 80 年代以后，当全国的窑址"家底"基本摸清以后，基于个人理念、机构体制等多方面原因，故宫的古瓷窑址调查工作依然固守于原有的思路，在 1979 年参加了配合工程建设的龙泉窑发掘以后，没有与时俱进地开展更多的窑址特别是与藏品相关的历史名窑和官窑考古发掘，而偏重于依靠已有资料编制陶瓷史，其结果必然落后于陶瓷考古理论与实践的主流，乃至远离陶瓷考古学科发展和中国陶瓷史研究的前沿。

对此，我们必须清醒地认识到，考古发掘是比考古调查更为高级的考古学工作手段，可以取得许多通过考古调查所不能取得的成果。在窑址考古工作中，发掘与调查的主要不同在于。第一，调查者往往选取带装饰、造型奇特，或被认为某个窑

① 陕西省考古研究所：《陕西铜川耀州窑》，北京：科学出版社，1963 年。

② 河北省文化局文物工作队：《观台窑址发掘报告》，《文物》1959 年第 6 期。

③ 河南省文化局文物工作队：《汝窑址的调查与严河店的发掘》，《文物参考资料》1958 年第 10 期。

④ 马文宽：《中国古瓷考古与研究五十年》，《考古》1999 年第 9 期。

的典型器物加以收集，因此获得的资料在大多数情况下是以偏概全的；而窑址发掘时所清理的地层单位中出土的器物则包括了各不同时期的各种器物，代表了当时实际的产品构成。第二，考古发掘由于有地层依据，可以判断出各地层出土器物的相对年代，从而开展分期研究，并通过分期研究判断出一个窑口或瓷器生产中心发生、发展、繁荣到衰亡的过程，有些生产时间长的窑口甚至会出现多个高峰和低谷时期。这一点是通过调查完全不能做到的。因此对于突破和修订古代文献记载，特别是后世的陶瓷文献带来的错误信息非常有效。同时，窑业的兴衰也与社会经济的发展和政权变革等社会历史问题紧密相关，通过对制瓷业的研究，推进经济史和社会发展史的研究是陶瓷考古乃至考古学整体学科的研究目标。第三，按照田野考古规程的要求，考古发掘要收集所有的人工制品，因此，窑址发掘中就收集了不同时期大量的工具和窑具，而这正是早期调查中所忽视的。窑具和工具的收集、整理、研究对制瓷手工业的技术发展史和技术交流情况的研究至关重要，也是窑址调查所不能解决的问题。第四，窑址发掘会清理出许多古代生产活动中遗留下来的遗迹，如窑炉、作坊、原料加工、产品储存和废弃物堆放等各种遗迹。许多遗迹只有在精心的考古发掘工作中才能被发现和完整地清理出来。这些遗迹对于研究制瓷工艺技术的发展同样非常重要，也十分直观；更为重要的是，通过对发掘清理的不同遗迹的相互关联、位置和组合情况的观察和研究，是开展对当时生产管理体制研究与复原的必要信息①。

　　在近百年中国陶瓷考古的产生与发展背景下，反思故宫对古陶瓷窑址调查的成果与不足，实现迎头赶上、保持先进地位的前提是找准故宫在中国古陶瓷研究格局中的定位。新中国成立以来，陶瓷考古相关的工作从发现遗址，调查为主，到以考古发掘为主、专题性区域考古调查得到较为广泛的开展，陶瓷考古学科不断成熟发展，研究视野不断扩大，取得的成果令人瞩目，古代制瓷手工业的生产框架已经基本构建了起来，具体的个案研究连篇累牍，许多窑口和著名的生产中心的相关研究已十分深入，研究的范围涉及产品的特征、品种组成、工艺技术的发展、生产管理体制探讨、与其他制瓷传统的交流与影响，产品的销售等等诸多方面，使陶瓷考古成为历史时期考古城市、墓葬、手工业三大板块中手工业考古方面最重要的代表，

---

① 　王伟光、王巍：《中国考古学百年史（1921～2021）》第三卷下册《宋元时期陶瓷考古发现与研究》，北京：中国社会科学出版社，2021 年，第 1897～2337 页。

融入了整体考古学，也推进了考古学的发展。但目前陶瓷考古的仍有不足，主要表现在宏观总结尚较欠缺，方法论的讨论还远远不足。陶瓷考古本身发展和对瓷器产品体系的时代框架构建以后，陶瓷资料可以成为许多研究工作的基础材料，可以在城市考古、墓葬考古中成为判断各种遗址的方法和手段，这些拓展需要将陶瓷考古的成果更好地推介给方方面面的学者们，更好地融入考古学的体现，成为研究方法和资料的支撑。

（四）故宫陶瓷考古与研究的展望

故宫拥有35万件陶瓷器藏品，包括清宫旧藏30万明清官窑瓷器和5万多件从新石器时代陶器到元明清各时期的民窑瓷器，完全可以满足中国陶瓷发展历史展览与研究的需要，这是任何一家国内外文博机构不可比肩的丰富资源。2013年成立的故宫博物院考古研究所明确了自身的学术宗旨是：在研究中国古代文明形成与发展的特点的宏观课题下，致力于与皇权、宫廷相关的考古学研究。古陶瓷是已经具有一定优势的课题研究之一，近年来与湖北、江西景德镇等省市合作的古陶瓷窑址考古发掘项目不仅使故宫的古陶瓷研究能够及时保存对一线最新资料的跟踪，加强对考古学动态的了解，同时也促使故宫的研究人员思考陶瓷考古的局限性并致力于加强方法论的建设。

20世纪后半叶以来故宫窑址调查的成功经验是从陶瓷藏品研究出发，加强与宫廷用瓷密切相关的历史名窑的考古调查与发掘。当前和今后一个时期的努力方向包括：第一，对已有的古陶瓷窑址标本资料开展类型学整理，建立中国古陶瓷标本数据库。近半个世纪故宫组织窑址调查采集了全国17个省、140余个窑口，200余处窑址的近3万件陶瓷标本。时至今日有些窑址已遭破坏或深埋于地下，从中寻找线索已不可能，这样就更加凸显出这批资料的珍贵价值。2004年故宫已将这批窑址陶瓷标本列为古陶瓷资料，下一步需要加强科技支撑，开展理化成分等分析，以多学科的思路深入挖掘古陶瓷标本资料蕴含的文化遗产信息。第二，结合馆藏陶瓷文物，紧跟中国陶瓷史研究中的热点、难点问题，抓住时机联合地方文博机构开展主动性考古发掘。除已经开展的景德镇明清御窑厂外，后世称谓的宋代五大名窑，明代的曲阳、磁州、钧州、处州等官窑，以及再早的一批唐宋元时期具有贡御性质的窑场，都应纳入陶瓷窑址的调查与考古计划之中，为深入研究陶瓷与宫廷的关系积累考古学资料。第三，高度重视并推进与紫禁城古建筑密切相关的琉璃、砖瓦等建筑陶瓷窑址和各类遗址的调查发掘工作，服务于故宫文化遗产保护事业，为故宫建筑的预防性保护、研究性保护和建筑材料科学研究提供支持。第四，把"一带一路"考古作为重点内容，关注以瓷器为媒介的中外文化交流研究。第五，致力于陶瓷考古与研究的学科建设和方法论探索，突出并形成古陶瓷鉴定、陶瓷科技考古和中国陶瓷史研究等方面的学术特色。

　　在建设中国特色、中国风格、中国气派的考古学方向指引下，立足于手工业考古和经济社会视角的陶瓷考古工作，可以揭示中华民族的创造精神，展示东方文明对世界的贡献。陶瓷考古与研究是推动中国优秀传统文化创造性转化、创新性发展的工作内容之一。故宫博物院做好这方面的工作具有不可比拟的优势，责无旁贷的使命，更具有不可估量的未来。

参考文献

论　著

陈帆主编：《中国陶瓷百年（1911～2011）》，北京：化学工业出版社，2014年。

陈洪波：《中国科学考古学的兴起——1928～1949年历史语言研究所考古史》，桂林：广西师范大学出版社，2011年。

陈万里：《越器图录》，上海：中华书局，1937年。

陈万里：《瓷器与浙江》，浙江：金华国民出版社，1941年。

陈万里：《陶枕》，北京：朝华美术出版社，1954年。

陈万里：《宋代北方民间瓷器》，北京：朝华美术出版社，1955年。

陈万里：《陶俑》，北京：中国古典艺术出版社，1957年。

陈万里：《现代陶瓷工艺》，北京：朝华美术出版社，1957年。

陈万里：《中国青瓷史略》，上海：上海人民美术出版社，1962年。

陈万里：《陈万里陶瓷考古文集》，北京：紫禁城出版社，1997年。

陈星灿：《中国史前考古学史研究（1895～1949）》，北京：生活·读书·新知三联书店，1997年。

慈溪市博物馆：《上林湖越窑》，北京：科学出版社，2002年。

冯先铭主编：《中国陶瓷》，上海：上海古籍出版社，1994年。

冯先铭：《古陶瓷鉴真》，北京：燕山出版社，1996年。

冯先铭：《中国古陶瓷论文集》，北京：紫禁城出版社、香港：两木出版社，1997年。

冯先铭编著：《中国古陶瓷文献集释（上册）》，台北：艺术家出版社，2000年。

福建博物馆编：《福建考古资料汇编（1953～1959）》，北京：科学出版社，2011年。

故宫博物院编：《马衡日记：1949年前后的故宫（附诗钞）》，北京：紫禁城出版社，2005年。

故宫博物院编：《故宫博物院八十华诞古陶瓷国际学术研讨会论文集》，北京：紫禁城出版社，2006年。

故宫博物院编，冯先铭、李辉柄主编：《故宫博物院藏中国古代窑址标本一·河南卷（上、下）》，北京：紫禁城出版社，2005年。

故宫博物院编，冯先铭、李辉柄主编：《故宫博物院藏中国古代窑址标本二·河北卷》，北京：紫禁城出版社，2006 年。

故宫博物院编，冯小琦主编：《故宫博物院藏中国古代窑址标本·河北》，北京：故宫出版社，2013 年。

故宫博物院编，冯小琦主编：《故宫博物院藏中国古代窑址标本·河南（上、下）》，北京：故宫出版社，2013 年。

故宫博物院编，冯小琦主编：《故宫博物院藏中国古代窑址标本·北京、山东、陕西、宁夏、辽宁》，北京：故宫出版社，2013 年。

故宫博物院编，冯小琦主编：《故宫博物院藏中国古代窑址标本·山西、甘肃、内蒙古》，北京：故宫出版社，2013 年。

故宫博物院编，冯小琦主编：《故宫博物院藏中国古代窑址标本·浙江（上、中、下）》，北京：故宫出版社，2015 年。

故宫博物院编，冯小琦主编：《故宫博物院藏中国古代窑址标本·福建（上、中、下）》，北京：故宫出版社，2016 年。

故宫博物院编，冯小琦主编：《故宫博物院藏中国古代窑址标本·广西》，北京：故宫出版社，2016 年。

故宫博物院编，冯小琦主编：《故宫博物院藏中国古代窑址标本·广东、海南（上、下）》，北京：故宫出版社，2019 年。

广东省博物馆：《潮州笔架山宋代窑址发掘报告》，北京：文物出版社，1981 年。

广州市文物管理委员会：《广州西村古瓷窑址》，文物出版社，1958 年。

广州市文物管理委员会：《广州西村窑》，香港中文大学中国考古艺术研究中心，1987 年。

河南文物研究所编：《河南古瓷窑址资料汇编》（内部资料），1985 年。

河南省文物研究所编：《河南钧瓷汝瓷与三彩——中国古陶瓷研究会、中国古外销陶瓷研究会一九八五年郑州年会论文集》，北京：紫禁城出版社，1987 年。

李知宴：《中国陶瓷发展简史》，中国历史博物馆印（内部资料），1981 年 10 月。

李辉柄：《李辉柄陶瓷论集》，北京：故宫出版社，2013 年。

苗锡锦主编：《钧瓷志》，郑州：河南人民出版社，2000 年。

权奎山、孟元召：《古代陶瓷》，北京：文物出版社，2008 年。

陕西博物馆编：《耀瓷图录》，北京：中国古典艺术出版社，1957 年。

陕西省考古研究所：《陕西铜川耀州窑》，北京：科学出版社，1963 年。

汪庆正、范冬青、周丽丽：《汝窑的发现》，上海人民美术出版社，1987 年。

香港大学冯平山博物馆：《中国古窑址瓷片展览》，1981 年。

熊寥、熊微编著：《中国陶瓷古籍集成》，上海：上海文化出版社，2007 年。

叶麟趾编著：《古今中外陶瓷汇编》，北平：文奎堂书店，1934 年。

叶喆民：《中国陶瓷史纲要》，北京：轻工业出版社，1989 年。

叶喆民：《中国陶瓷史》，北京：生活·读书·新知三联书社，2006 年。

赵宏：《中国陶瓷史学史》，北京：中国文史出版社，2014 年。

浙江省轻工业厅：《龙泉青瓷研究》，北京：文物出版社，1989 年。

政协河南省禹县委员会文史资料研究委员会编：《禹县文史资料》第三辑（内部资料），1987 年10 月。

中国大百科全书编辑委员会：《中国大百科全书·考古学卷》之《考古学》，北京：中国大百科全书出版社，1986 年。

中国硅酸盐学会主编：《中国陶瓷史》，北京：文物出版社，1982 年。

中国社会科学院考古研究所图书资料室编：《中国考古学文献目录 1949～1966》，北京：文物出版社，1978 年。

中国社会科学院考古研究所编著：《新中国的考古发现与研究》，北京：文物出版社，1984 年。

中国社会科学院考古研究所资料信息中心编：《中国考古学文献目录 1971～1982》，北京：文物出版社，1998 年。

中国社会科学院考古研究所资料信息中心编：《中国考古学文献目录 1983～1990》，北京：文物出版社，2001 年。

周仁：《中国古陶瓷研究论文集》，北京：轻工业出版社，1982 年。

朱伯谦：《揽翠集——朱伯谦陶瓷考古文集》，北京：科学出版社，2009 年。

论　文

安志敏：《九一八以来日本人在东北各省考古工作记略》，《益世报·史地周刊》第 32、33 期，1947年 3 月 11、25 日。

北平历史博物馆：《巨鹿宋代故城发掘记略》，《国立历史博物馆丛刊》第一册，1927 年。

曹子元：《从禹县古瓷窑址的调查看钧瓷窑址的分布特点和兴盛状况》，《景德镇陶瓷》1984 年总 26 期。

陈万里：《吴晋时代的浙江陶瓷》，《说文月刊》合订本 4，1944 年 5 月。

陈万里：《调查龙泉青瓷报告》，《中山大学语言历史学研究所周刊》第 4 期第 48 期，1928 年 9 月26 日。

陈万里：《越器之史的研究》，《越风半月刊》1/1，1935 年 10 月。

陈万里：《越器图录自叙》，《越风半月刊》1/7，1936 年 2 月。

陈万里：《唐代越器专集引言》，《越风半月刊》1/22，1936 年 12 月。

陈万里：《汝窑的我见》，《文物参考资料》1951 年 2 卷第 2 期。

陈万里：《调查平原、河北二省古代窑址报告》，《文物参考资料》1952 年 2 卷第 1 期。

陈万里：《禹州之行》，《文物参考资料》1952 年 2 卷第 2 期。

陈万里：《邢越二窑及定窑》，《文物参考资料》1953 年第 9 期。

陈万里：《景德镇几个古代窑址的调查》，《文物参考资料》1953 年第 9 期。

陈万里：《谈当阳峪窑》，《文物参考资料》1954 年第 4 期。

陈万里：《再谈越器》，《文物参考资料》1954 年第 5 期。

陈万里：《写在看了基建出土文物展览的陶瓷以后》，《文物参考资料》1954 年第 9 期。

陈万里：《我对于耀瓷的初步认识》，《文物参考资料》1955 年第 4 期。

陈万里：《从我国瓷器的发展谈到"全国陶瓷展览会"》，《人民日报》1955 年 10 月 13 日 3 版。

陈万里：《谈山西琉璃》，《文物参考资料》1956 年第 7 期。

陈万里：《从几件瓷造像谈到广东潮州窑》，《文物参考资料》1957 年第 3 期。

陈万里：《调查闽南古代窑址小记》，《文物参考资料》1957 年第 9 期。

陈万里：《鹤壁集印象》，《文物参考资料》1957 年第 10 期。

陈万里：《谈瓷别记》，《故宫博物院院刊》1958 年总第 1 期。

陈万里：《三件有永乐年款的青花瓷器》，《故宫博物院院刊》1958 年总第 1 期。

陈万里：《磁州窑的过去及未来》，《装饰》1958 年第 2 期。

陈万里：《谈谈成化窑的彩》，《文物》1959 年第 6 期。

陈万里：《1949～1959 年对古代窑址的调查》，《文物》1959 年第 10 期。

陈万里：《我对"青白瓷器"的看法》，《文物》1959 年第 6 期。

陈万里、冯先铭：《故宫博物院十年来对古窑址的调查》，《故宫博物院院刊》1960 年总第 2 期。

陈万里：《从釉彩方面看我国瓷器的发展》，《历史教学》1962 年第 8 期。

陈万里：《中国瓷器史上存在着的问题》，《文物》1963 年第 1 期。

陈万里：《宋末—清初中国对外贸易中的瓷器》，《文物》1963 年第 1 期。

陈万里：《介绍两件元瓷中的珍品》，《文物精华》1963 年第二集。

陈万里：《中国历代烧制瓷器的成就与特点》，《文物》1963 年第 6 期。

冯先铭：《唐代的青釉凤头龙柄壶》，《文物参考资料》1958 年第 2 期。

冯先铭：《略谈北方青瓷》，《故宫博物院院刊》1958 年总第 1 期。

冯先铭：《瓷器浅说》，《文物》1959 年第 2～5、7～9、11 期，1960 年 3、4 期连载。

冯先铭：《河南巩县古窑址调查记要》，《文物》1959 年第 3 期。

冯先铭：《略谈魏晋至五代瓷器的装饰特征》，《文物》1959 年第 6 期。

冯先铭：《河北磁县贾壁村隋青瓷窑址初探》，《文物》1959 年第 10 期。

冯先铭：《从两次调查长沙铜官窑所得到的几点收获》，《文物》1960 年第 3 期。

冯先铭：《从文献看唐宋以来饮茶风尚及陶瓷茶具的演变》，《文物》1963 年第 1 期。

冯先铭：《河南密县、登封唐宋古窑址调查》，《文物》1964 年第 3 期。

冯先铭：《河南省临汝县宋代汝窑遗址调查》，《文物》1964 年第 8 期。

冯先铭：《记 1964 年在故宫博物院举办的"古代艺术展览"中的瓷器》，《文物》1965 年第 2 期。

冯先铭：《新中国陶瓷考古的主要收获》，《文物》1965 年第 9 期。

冯先铭：《记志书中一批有待于调查的瓷窑》，《文物》1973 年第 5 期。

冯先铭：《从中国出土文物展览陶瓷展品谈起》，《文物》1973 年第 3 期。

冯先铭：《我国宋元时期的青白瓷》，《故宫博物院院刊》1979 年第 3 期。

冯先铭：《有关临安钱宽墓出土"官"、"新官"款白瓷问题》，《文物》1979 年第 12 期。

冯先铭：《三十年来我国陶瓷考古的收获》，《故宫博物院院刊》1980 年第 1 期。

冯先铭：《国外研究中国陶瓷动态》，《福建文博》1980 年 1 月号。

冯先铭：《磁州窑综论》，《人文杂志》1980 年第 1 期。

冯先铭：《元代景德镇白龙纹梅瓶》，《中国文物》1980 年第 1 期。

冯先铭等：《元代釉里红瓷器中的珍品龙纹盖罐》，《中国文物》1980 年第 2 期。

冯先铭：《有关青花瓷器起源的几个问题》，《文物》1980 年第 4 期。

冯先铭：《"哥窑"问题质疑》，《故宫博物院院刊》1981 年第 3 期。

冯先铭：《谈邢窑有关诸问题》，《故宫博物院院刊》1981 年第 4 期。

冯先铭：《元以前我国瓷器行销亚洲的考察》，《文物》1981 年第 6 期。

冯先铭：《近年来陶瓷考古新成就》，《河北陶瓷》1982 年第 4 期。

冯先铭：《近几年中国古陶瓷研究现状》，《景德镇陶瓷（中国古陶瓷研究专辑 1）》，1983 年。

冯先铭：《山西浑源窑古窑址调查》，文物编辑委员会编：《中国古代窑址调查发掘报告集》，北京：文物出版社，1984 年。

冯先铭：《当阳峪窑址》，《中国大百科全书·考古学》，北京：中国大百科全书出版社，1986 年。

冯先铭：《有关钧窑诸问题》，河南省文物研究所编：《河南钧瓷汝瓷与三彩——中国古陶瓷研究会、中国古外销瓷研究会一九八五年郑州年会论文集》，北京：紫禁城出版社，1987 年。

冯先铭：《新中国陶瓷考古主要收获》，《中国古陶瓷研究》，北京：科学出版社，1987 年。

冯小琦：《永不消失的窑址》，《紫禁城》2006 年 1 期。

冯小琦：《最大范围的中国古窑址调查》，《紫禁城》2006 年第 1 期。

冯小琦：《冯先铭的学术经历》，《美术观察》2010 年第 10 期。

福建省文物管理委员会：《同安县汀溪水库古瓷窑调查记》，《文物参考资料》1958 年第 2 期。

广东省文物管理委员会：《广东新会官冲古代窑址》，《考古》1963 年第 4 期。

光军：《山西霍县发现重要瓷窑》，《文物》1980 年第 2 期。

河北省文物局文物工作队：《观台窑址发掘报告》，《文物》1959 年第 6 期。

河南省文化局文物工作队：《汝窑址的调查与严和店的发掘》，《文物参考资料》1958 年第 10 期。

河南省文物研究所：《宝丰清凉寺汝窑址的调查与试掘》，《文物》1989 年第 11 期。

华东文物工作队福建组：《调查晋江德化等处古窑址》，《文物参考资料》1954 年第 5 期。

黄汉杰：《同安县宋代窑址》，《文物》1959 年第 6 期。

江学孔、陈建中：《成都市西郊青羊宫古窑址清理简报》，《文物参考资料》1956 年第 6 期。

纪炜：《安徽省歙县青瓷窑址调查小纪》，《故宫博物院院刊》1988 年第 3 期。

李辉柄：《磁州窑遗址调查》，《文物》1964 年第 8 期。

李辉柄：《调查浙江鄞县窑址的收获》，《文物》1973 年第 5 期。

李辉柄：《略谈明清的“彩瓷”》，《文物》1974 年第 8 期。

李辉柄：《福建省同安窑调查纪略》，《文物》1974 年第 11 期。

李辉柄：《略谈瓷器的起源及陶与瓷的关系》，《文物》1978 年第 3 期。

李辉柄：《广东潮州古瓷窑址调查》，《考古》1979 年第 5 期。

李辉柄：《关于德化屈斗宫窑的我见》，《文物》1979 年第 5 期。

李辉柄：《莆田窑址初探》，《文物》1979 年第 12 期。

李辉柄、李知宴：《河南鲁山段店窑》，《文物》，1980 年第 5 期。

李辉柄：《关于“哥窑”问题的探讨》，《故宫博物院院刊》1981 年第 3 期。

李辉柄：《唐代邢窑窑址考察与初步探讨》，《文物》1981 年第 9 期。

李辉柄：《略谈我国青瓷的出现及其发展》，《文物》1981 年第 10 期。

李辉柄：《钧窑的性质及其创烧年代》，《故宫博物院院刊》1982 年第 2 期。

李辉柄：《定窑的历史以及与邢窑的关系》，《故宫博物院院刊》1983 年第 3 期。

李辉柄：《略谈河北“三大名窑”》，《考古与文物》1984 年第 3 期。

李辉柄：《略谈长沙窑瓷器的几个问题》，《故宫博物院院刊》1985 年第 1 期。

李辉柄：《略谈吉州窑》，《文物》1985 年第 8 期。

李辉柄：《宋代南方民窑的代表——吉州窑》，《河北陶瓷》1986 年第 2 期。

李辉柄：《略说汝窑》，《文物》1986 年第 12 期。

李辉柄：《耀州窑及其有关问题》，中国古陶瓷研究会、中国古外销瓷研究会《中国古陶瓷研究》创刊号，北京：紫禁城出版社，1987 年。

李辉柄：《钧窑系的形成与分期》，河南省文物研究所编：《河南钧瓷汝瓷与三彩——中国古陶瓷研究会、中国古外销瓷研究会一九八五年郑州年会论文集》，北京：紫禁城出版社，1987 年。

李辉柄、毕南海：《论定窑烧瓷工艺的发展与历史分期》，《考古》1987 年第 12 期。

李辉柄：《略谈法门寺出土的越窑青瓷》，《文物》1988 年第 10 期。

李辉柄：《安徽省窑址调查纪略》，《故宫博物院院刊》1988 年第 3 期。

李辉柄：《古瓷窑址调查与研究的重要意义》，《中国文物报》1988 年 12 月 2 日 3 版。

李辉柄：《略谈中国瓷器考古的主要收获》，《故宫博物院院刊》1989 年第 6 期。

李辉柄：《汝窑遗址的发现与探讨》，《文物》1991 年第 12 期。

李辉柄：《中国瓷器研究的现状与展望》，《南方文物》1997 年第 2 期。

李辉柄：《故宫博物院陶瓷研究五十五年》，《故宫博物院八十华诞古陶瓷国际学术研讨会论文集》，北京：紫禁城出版社，2006 年。

李纪贤：《方志等古文献中有关窑址的记载（一）》，《文物资料丛刊》1978 年第 2 期。

李纪贤：《方志等古文献中有关窑址的记载（二）》，文物编辑委员会编：《中国古代窑址调查发掘报告集》，北京：文物出版社，1984 年。

李正中：《建国以来中国古陶瓷研究概述》，《历史教学》1994 年第 2 期。

李知宴：《论范粹墓出土的瓷器》，《考古》1972 年第 5 期。

李知宴：《唐代瓷窑概况与唐瓷的分期》，《文物》1972 年第 3 期。

李知宴：《关于原始青瓷的初步探讨》，《文物》1973 年第 2 期。

李知宴、朱捷元：《唐白釉贴花钵、白瓷唾盂和黑釉罐》，《文物》1979 年第 1 期。

李知宴：《三国、两晋、南北朝制瓷业的成就》，《文物》1979 年第 2 期。

李知宴：《浙江象山唐代青瓷窑址调查》，《考古》1979 年第 5 期。

李知宴、朱捷元：《精湛的艺术瑰宝——唐三彩》，《考古与文物》1980 年创刊号。

李知宴：《西安地区隋唐墓葬出土陶瓷的初步研究》，《考古与文物》1981 年第 1 期。

李知宴：《从龙泉窑的调查发掘谈哥窑问题》，《中国历史博物馆馆刊》1981 年第 3 期。

李知宴：《浙江龙泉青瓷山头窑发掘的主要收获》，《文物》1981 年第 10 期。

李知宴：《论越窑和铜官窑瓷器的发展和外销——为参加日本第二届贸易陶瓷研究会年会而作》，《考古与文物》1982 年第 4 期。

李知宴、黄宝玲：《关于军持的几个问题》，《海交史研究》1982 年第 4 期。

李知宴：《略论龙泉窑青瓷的发展》，《中国历史博物馆馆刊》1983 年第 5 期。

李知宴：《浙江武义发现三处古窑址》，文物编辑委员会编：《中国古代窑址调查发掘报告集》，北京：文物出版社，1984 年。

李知宴：《从隆化窑的调查看河北陶瓷的发展》，《河北陶瓷》1985 年第 4 期。

李知宴：《山西浑源县界庄窑》，《考古》1985 年第 10 期。

李知宴：《漫谈磁州窑的艺术特色》，中国古陶瓷研究会、中国古外销瓷研究会编：《中国古陶瓷研究》第 2 辑，北京：紫禁城出版社，1988 年。

李知宴：《内丘邢窑的重大发现》，《河北陶瓷》1987 年第 4 期。

李知宴：《钧窑的艺术成就》，河南省文物研究所编：《河南钧瓷汝瓷与三彩——中国古陶瓷研究会、中国古外销瓷研究会一九八五年郑州年会论文集》，北京：紫禁城出版社，1987 年。

李知宴：《论宋代瓷窑的布局和宋瓷的艺术成就》，《中国历史博物馆馆刊》1989 年第 12 期。

李毅华：《浙江绍兴富盛窑——兼谈原始瓷器》，文物编辑委员会编：《中国古代窑址调查发掘报告集》，北京：文物出版社，1984 年。

刘毅：《关于中国古陶瓷研究的几点思考》，《考古与文物》2000 年第 4 期。

罗志田：《走向国学和史学的"赛先生"》，《近代史研究》2000 年第 3 期。

吕军：《20 世纪中国古瓷及瓷窑址的专题研究与讨论》，《文物春秋》2005 年第 2 期。

马文宽：《中国古瓷考古与研究五十年》，《考古》1999 年第 9 期。

秦大树：《陶瓷考古通讯》编委会《发刊辞》，秦大树主编：《陶瓷考古通讯》（内部资料）2013 年总第 1 期，2013 年 4 月。

秦大树：《论"窑系"概念的形成、意义及其局限性》，《文物》2007 年第 5 期。

绍兴县文物管理委员会：《浙江绍兴富盛战国窑址》，《考古》1979 年第 3 期。

宋伯胤：《谈德化窑》，《文物参考资料》1955 年第 4 期。

宋伯胤：《对古陶瓷研究的再反思》，叶文程主编：《中国古陶瓷研究现状与展望》，《中国陶瓷工业杂志社》专辑，1994 年。

唐杏黄、苏垂昌：《中国古代瓷器在国外社会上层中的使用和影响》，《景德镇陶瓷》1983 年（总第 21 期）。

田松山、晋佩章：《从禹县九十六处钧窑遗址的调查浅谈钧台窑的艺术成就》，《景德镇陶瓷》1984 年总 26 期。

王士论：《浙江萧山进化区古代窑址的发现》，《考古通讯》1957 年第 2 期。

王在民：《广东潮汕是郊发现宋代窑址》，《文物参考资料》1955 年第 5 期。

王光尧：《关于陶瓷考古的几个问题——代〈南方文物〉"土与火的艺术"主持辞》，《南方文物》2008 年第 1 期。

万钧：《永远的经典》，《紫禁城》2009 年第 5 期。

吴连城：《山西介休洪山镇宋代瓷窑址介绍》，《文物参考资料》1958 年 10 期。

徐鹏章：《川西古代瓷窑调查记》，《文物参考资料》1958 年第 2 期。

徐苹芳：《中国现代考古学的引进及其传统》，《中国文物报》2007 年 2 月 9 日第 7 版。

徐苹芳：《考古学简史》，载《考古学基础》，北京：科学出版社，1958 年。

杨静荣：《当代陶瓷史研究的回顾与展望》，《陶瓷研究》1987 年第 2 期。

杨文山：《隋代邢窑遗址的发现与初步分析》，《文物》1984 年第 12 期。

叶文程：《近年来中国古陶瓷研究进展综述》，《陶瓷导刊》第 5 卷 1 期，1994 年 3 月。

叶喆民：《河南禹县古窑址调查记略》，《文物》1964 年第 8 期。

叶喆民：《邢窑刍议》，《文物》1981 年第 5 期。

叶喆民：《论当阳峪窑与磁州窑系》，《中国陶瓷》1982 年第 1 期、第 2 期。

叶喆民：《再论邢窑》，《中国陶瓷》1982 年第 7 期增刊。

叶喆民：《磁州窑新得》，《中国陶瓷》1987 年第 4 期。

叶喆民：《汝窑廿年考察记实》，《中国陶瓷》1987 年第 6 期。

叶喆民：《钧窑和汝窑》，河南省文物研究所编：《河南钧瓷汝瓷与三彩——中国古陶瓷研究会、中国古外销瓷研究会一九八五年郑州年会论文集》，北京：紫禁城出版社，1987 年。

叶喆民：《汝窑别记》，中国古陶瓷研究会、中国古外销瓷研究会编：《中国古陶瓷研究》第 2 辑，北京：紫禁城出版社，1988 年。

叶喆民：《汝窑址发现经过与再考察记略》，《南方文物》2000 年第 4 期。

易立：《三十年来中国陶瓷考古发现与研究述略》，《中华文化论坛》2008 年第 4 期。

周子竞：《发掘杭州南宋官窑报告书》，国立中央研究院文书处编：《国立中央研究院总报告》第四册，1932 年。

周仁：《中国古陶瓷研究论文集》之严济慈《序》，北京：轻工业出版社，1982 年。

曾凡：《光泽茅店宋代窑址》，《文物参考资料》1958 年第 2 期。

赵鸿声：《古陶瓷研究的新视点》，叶文程主编：《中国古陶瓷研究现状与展望》，《中国陶瓷工业杂志社》专辑，1994 年。

浙江省文物管理委员会：《浙江鄞县古瓷窑址调查记要》，《考古》1964 年第 4 期。

朱伯谦：《浙江古代瓷器的研究》，中国古陶瓷研究会、中国古外销瓷研究会编：《中国古陶瓷研究》第 3 辑，北京：紫禁城出版社，1996 年。

外国文献

Hobson. R. L," Chinese porcelain fragments from aidad, and some bashpa inscriptions," in transactions of the oriental sociely, 1926 – 27.

James M Plumer, "Long lost Chekiang Kiln – sites, where precious Sung pottery is dug out for building material", *The Illustrated London News*, March 13th, 1937.

James M Plumer, "The source of the celebrated Sung 'Secret Colour' ware discovered", *The Illustrated London News*, March 20th, 1937.

Karlbeck. orvar," notes on the wares from the chino tso potteres," in ethnos, vol, 8, no. 3. （july – september 1943）.

［英］伯兰司登：《明初景德镇窑瓷器》，1938 年版；英国东方陶瓷学会，1939 年刊。

［日］小山富士夫：《定窑窑址之发见与研究》，《陶瓷》1941 年 13 卷 2 期；

〔日〕小山富士夫：《宋磁》（图录），东京：聚乐社，1943 年；

〔日〕小山富士夫：《支那青瓷史稿》，日本：中文堂，1943 年。

〔日〕小山富士夫：《最近に於ける支那古窑址の发见》，《考古学杂志》第 27 卷 9 号，1947 年。

〔日〕米内山庸夫：《南宋官窑の研究》（1）～（29），《日本美术工艺》159～196 卷，1952～1955 年。

〔日〕小山富士夫：《世界陶瓷全集》，平凡社，1960 年。

〔日〕出光美术馆：《天目瓷考察》，东京：出光美术馆，1972 年。

〔日〕杉村勇造：《辽の陶磁》，《陶磁大系》第 40 册，平凡社，1974 年。

〔日〕出光美术馆：《近年发现的窑址出土中国陶瓷展（1949～1981）》，1982 年。

〔日〕根津美术馆：《定窑白瓷》，东京：根津美术馆，1983 年。

〔日〕長谷部樂爾：《南宋官窯窯址採集陶片について》，《常盘山文库中国陶磁研究会会报》2《米内山陶片》，财团法人常盘山文库，2009 年。

附　表

故宫古窑址调查纪要（1949～1999）

调查时间	省份	窑址	参加人	发表资料
1950.7	河北	顺德（邢台）	杨忠礼	
1950.7	河南	修武当阳峪窑	杨忠礼	
1950.11	河南	钧窑	陈万里、杨忠礼	陈万里《禹州之行》
1950.11	河南	宝丰窑	陈万里、杨忠礼	陈万里《汝窑的我见》
1950.11	河南	汝窑	陈万里、冯先铭	陈万里《汝窑的我见》
1950.11	河南	鲁山窑	陈万里、杨忠礼	陈万里《汝窑的我见》
1950.11	河南	新安窑	陈万里、杨忠礼	陈万里、冯先铭《故宫博物院十年来对古窑址的调查》
1950.11	河南	临汝窑	陈万里、冯先铭	陈万里《汝窑的我见》
1951.6	河南	当阳峪窑	陈万里、杨忠礼	陈万里《调查平原、河北二省古代窑址报告》，陈万里《谈当阳峪窑》
1951.6	河南	安阳窑	陈万里、杨忠礼	陈万里《调查平原、河北二省古代窑址报告》

调查时间	省份	窑址	参加人	发表资料
1951.6	河北	磁州窑	陈万里、杨忠礼	陈万里《调查平原、河北二省古代窑址报告》
1951.6	河北	定窑	陈万里、杨忠礼	陈万里《调查平原、河北二省古代窑址报告》《邢越二窑及定窑》
1953.3	江西	景德镇窑	陈万里	陈万里《景德镇几个古代窑址的调查》
1953.4	广东	广州西村窑	陈万里、冯先铭	陈万里、冯先铭《故宫博物院十年来对古窑址的调查》
1954.4	山西	高平窑（八义镇）	陈万里	陈万里《谈山西琉璃》，冯先铭《三十年来我国陶瓷考古的收获》
1954.5	陕西	铜川黄堡窑（耀州窑）	陈万里、冯先铭	陈万里《我对于耀瓷的初步认识》
1954.7	浙江	杭州郊坛官窑	陈万里、冯先铭	陈万里、冯先铭《故宫博物院十年来对古窑址的调查》
1954.10	江西	景德镇（胜梅亭窑）		陈万里《最近调查古代窑址所见》
1954.11	浙江	余姚上林湖越窑	陈万里、冯先铭	陈万里《最近调查古代窑址所见》《再谈越器》《邢越二窑及定窑》
1954.11	浙江	永嘉窑	陈万里、冯先铭	陈万里《最近调查古代窑址所见》
1954.11	浙江	萧山（上董）窑	陈万里、冯先铭	陈万里《最近调查古代窑址所见》，冯先铭《三十年来我国陶瓷考古的收获》
1954.11	浙江	温州（西山）窑	陈万里、冯先铭	陈万里《最近调查古代窑址所见》
1954.11	浙江	龙泉窑	陈万里、冯先铭	冯先铭《三十年来我国陶瓷考古的收获》

调查时间	省份	窑址	参加人	发表资料
1955.4	河南	汤阴（鹤壁集）窑	陈万里、冯先铭	陈万里《鹤壁集印象》
1955.4	广东	潮州窑	陈万里、冯先铭、李辉柄	陈万里《从几件瓷造像谈到广东潮州窑》
1956.10	福建	泉州（晋江）窑	陈万里、冯先铭、李辉柄	陈万里《调查闽南古代窑址小记》
1956.10	福建	德化窑	陈万里、冯先铭、李辉柄	陈万里《调查闽南古代窑址小记》
1956.10	福建	同安窑	陈万里、冯先铭、李辉柄	陈万里《调查闽南古代窑址小记》
1956.11	广东	潮州窑	陈万里、冯先铭、李辉柄	陈万里《从几件瓷造像谈到广东潮州窑》
1957.3	河北	定窑	冯先铭、李辉柄、王莉英、郭仁、葛季芳	冯先铭《定窑》、《定窑与定窑系》、《瓷器浅说》
1957.6	陕西	耀州（黄堡镇、陈炉镇）窑	陈万里、李辉柄	陈万里、冯先铭《故宫博物院十年来对古窑址的调查》，
1957.7	河南	巩义窑	冯先铭、李辉柄、郭仁	冯先铭《河南巩县古窑址调查纪要》
1957.7	湖南	长沙窑	冯先铭、李辉柄	冯先铭《从两次调查长沙铜官窑所得到的几点收获》
1959.6	河北	贾壁窑	冯先铭、叶广成	冯先铭《河北磁县贾壁村隋青瓷窑址初探》
1962.4	山西	榆次窑	陈万里、冯先铭、叶喆民	
1962.4	山西	介休窑	陈万里、冯先铭、叶喆民	冯先铭《三十年来我国陶瓷考古的收获》
1962.4	陕西	旬邑窑	冯先铭、叶喆民	冯先铭《三十年来我国陶瓷考古的收获》

调查时间	省份	窑址	参加人	发表资料
1962.5	河南	密县窑	冯先铭、叶喆民	冯先铭《河南密县、登封唐宋古窑址调查》
1962.5	河南	登封窑	冯先铭、叶喆民	冯先铭《河南密县、登封唐宋古窑址调查》
1962.5	河南	修武当阳峪窑	冯先铭、叶喆民	冯先铭《当阳峪窑》
1962	河北	邢窑内丘窑	冯先铭	冯先铭《谈邢窑有关诸问题》
1963.10	浙江	鄞县窑	李辉柄	李辉柄《调查浙江鄞县窑址的收获》
1964.3	河南	钧窑	冯先铭、叶喆民、杜廼松、方国锦	叶喆民《河南禹县古窑址调查记略》
1964.3	河南	临汝窑	冯先铭、叶喆民、杜廼松、方国锦	冯先铭《河南省临汝县宋代汝窑遗址调查》
1964.3	河南	郏县窑	冯先铭、叶喆民、杜廼松、方国锦	冯先铭《三十年来我国陶瓷考古的收获》
1964.3	河南	禹县扒村窑	冯先铭、叶喆民、杜廼松、方国锦	叶喆民《河南禹县古窑址调查记略》
1964.3	河南	临汝窑	冯先铭、叶喆民、杜廼松、方国锦	冯先铭《河南省临汝县宋代汝窑遗址调查》
1964.4	河北	磁州窑	李辉柄、姚万青	李辉柄《磁州窑遗址调查》
1974.10	浙江	象山窑	李知宴	李知宴《浙江象山唐代青瓷窑址调查》
1975.6	陕西	耀州窑	冯先铭、李辉柄	李辉柄《耀州窑及其有关问题》
1975.11	河南	安阳窑	李辉柄、李知宴	

续表

调查时间	省份	窑址	参加人	发表资料
1976.6	福建	莆田（庄边）窑	李辉柄	李辉柄《莆田窑址初探》
1976.6～7	福建	德化（屈斗宫）窑	李辉柄、李纪贤	
1976.6～7	江苏	宜兴（涧纵）窑	李辉柄、李纪贤	
1976.12	山东	淄博窑	冯先铭、叶喆民	
1977.4	河南	鲁山窑	冯先铭、叶喆民	冯先铭《三十年来我国陶瓷考古的收获》
1977.4	河南	宝丰窑	冯先铭、叶喆民	
1977.4	河南	内乡窑	冯先铭、叶喆民	
1977.4	河南	宜阳窑	冯先铭、叶喆民	
1977.5	陕西	耀州窑	李辉柄、李知宴	李辉柄《耀州窑及其有关问题》
1977.5	陕西	玉华宫遗址	李辉柄等	
1977.5	陕西	旬邑窑	李辉柄、李知宴	
1977.5	山西	大同窑	冯先铭、叶喆民	冯先铭《三十年来我国陶瓷考古的收获》
1977.5	山西	怀仁窑	冯先铭、叶喆民	冯先铭《三十年来我国陶瓷考古的收获》
1977.5	山西	浑源窑	冯先铭、叶喆民	冯先铭《山西浑源窑古窑址调查》

调查时间	省份	窑址	参加人	发表资料
1977.5	山西	榆次窑	冯先铭、叶喆民	
1977.5	山西	河津窑	冯先铭、叶喆民	
1977.5	山西	河曲窑	冯先铭、叶喆民	
1977.5	山西	介休窑	冯先铭、叶喆民	冯先铭《三十年来我国陶瓷考古的收获》
1977.5	山西	霍县窑	冯先铭、叶喆民	冯先铭《三十年来我国陶瓷考古的收获》
1977.5	山西	临汾窑	冯先铭、叶喆民	冯先铭《三十年来我国陶瓷考古的收获》
1977.5	甘肃	华亭窑	李辉柄、李纪贤	冯先铭《三十年来我国陶瓷考古的收获》
1977.5	河北	磁州窑	冯先铭、叶喆民	冯先铭《三十年来我国陶瓷考古的收获》
1977.5	河北	定窑	冯先铭、叶喆民	冯先铭《三十年来我国陶瓷考古的收获》
1977	河南	钧窑	李辉柄、李知宴	李辉柄《钧窑的性质及其创烧年代》
1977	河南	宝丰窑	李辉柄、李知宴	
1977	河南	鲁山窑	李辉柄、李知宴	李辉柄《河南鲁山段店窑》
1977	河南	扒村窑	李辉柄、李知宴	
1978.6	浙江	上虞窑	叶喆民	

调查时间	省份	窑址	参加人	发表资料
1978.7	浙江	武义窑	冯先铭、李辉柄、李知宴	李知宴《浙江武义发现三处古窑址》
1979.6	福建	连江窑	冯先铭、李辉柄、王莉英、叶佩兰、欧志培	冯先铭《三十年来我国陶瓷考古的收获》
1979.6	福建	莆田（灵川）窑	冯先铭、李辉柄、王莉英、叶佩兰、欧志培	李辉柄《莆田窑址初探》
1979.6	福建	德化窑	冯先铭、李辉柄、王莉英、叶佩兰、欧志培	李辉柄《关于德化屈斗宫窑的我见》
1979.6	福建	永春窑	冯先铭、李辉柄、王莉英、叶佩兰、欧志培	冯先铭《三十年来我国陶瓷考古的收获》
1979.6	福建	安溪窑	冯先铭、李辉柄、王莉英、叶佩兰、欧志培	冯先铭《三十年来我国陶瓷考古的收获》
1979.6	福建	南安窑	冯先铭、李辉柄、王莉英、叶佩兰、欧志培	冯先铭《三十年来我国陶瓷考古的收获》
1979.6	福建	泉州窑	冯先铭、李辉柄、王莉英、叶佩兰、欧志培	冯先铭《三十年来我国陶瓷考古的收获》
1979.6	福建	同安窑	冯先铭、李辉柄、王莉英、叶佩兰、欧志培	冯先铭《三十年来我国陶瓷考古的收获》
1979.6	福建	厦门窑	冯先铭、李辉柄、王莉英、叶佩兰、欧志培	冯先铭《三十年来我国陶瓷考古的收获》

调查时间	省份	窑址	参加人	发表资料
1979.6	浙江	武义窑	冯先铭、李辉柄、王莉英、叶佩兰、欧志培	冯先铭《三十年来我国陶瓷考古的收获》
1979.6	浙江	龙泉窑	冯先铭、李辉柄、王莉英、叶佩兰、欧志培	冯先铭《三十年来我国陶瓷考古的收获》
1979.7	浙江	余杭窑	冯先铭、李辉柄、王莉英、叶佩兰、欧志培	冯先铭《三十年来我国陶瓷考古的收获》
1979.7	浙江	上虞窑	冯先铭、李辉柄、王莉英、叶佩兰	冯先铭《三十年来我国陶瓷考古的收获》
1979.7	浙江	越窑	冯先铭、李辉柄、王莉英、叶佩兰、欧志培	冯先铭《三十年来我国陶瓷考古的收获》
1979.7	浙江	宁波窑	冯先铭、李辉柄、王莉英、叶佩兰、欧志培	冯先铭《三十年来我国陶瓷考古的收获》
1979.7	浙江	黄岩窑	冯先铭、李辉柄、王莉英、叶佩兰、欧志培	冯先铭《三十年来我国陶瓷考古的收获》
1979.7	浙江	温州窑	冯先铭、李辉柄、王莉英、叶佩兰、欧志培	冯先铭《三十年来我国陶瓷考古的收获》
1979.5~6	浙江	龙泉窑	李知宴、何俊义、由志奇	李知宴《浙江龙泉青瓷山头窑发掘的主要收获》
1980.10	广东	惠东窑	冯先铭、李毅华	

调查时间	省份	窑址	参加人	发表资料
1980.10	广东	南海窑	冯先铭、李毅华	
1980.10	广东	廉江窑	冯先铭、李毅华	
1980.10	广东	遂溪窑	冯先铭、李毅华	
1980.10	广东	海康窑	冯先铭、李毅华	
1981.4	河北	邢窑	李辉柄	李辉柄《唐代邢窑窑址考察与初步探讨》
1981.10	福建	永春窑	冯先铭、李毅华	
1981.12	浙江	德清窑	冯先铭、李毅华	
1981.12	浙江	萧山窑	冯先铭、李毅华	
1981.12	浙江	绍兴窑	冯先铭、李毅华	李毅华《浙江绍兴富盛窑——兼谈原始青瓷》
1981.12	浙江	越窑	冯先铭、李毅华	
1981.12	浙江	鄞县窑	冯先铭、李毅华	
1981.12	浙江	象山窑	冯先铭、李毅华	
1981.12	浙江	金华窑	冯先铭、李毅华、李辉柄、冯小琦	
1981.12	浙江	兰溪窑	冯先铭、李毅华	

调查时间	省份	窑址	参加人	发表资料
1981.12	浙江	东阳窑	冯先铭、李毅华	
1981.12	浙江	江山窑	冯先铭、李毅华	
1981.12	浙江	龙泉窑	冯先铭、李毅华	
1981.12	广西	永福窑	冯先铭、李毅华、王莉英、杨静荣、李辉柄、欧志培、纪炜	
1981.12	广西	藤县窑	冯先铭、李毅华、王莉英、杨静荣、李辉柄、欧志培、纪炜	
1981.12	广西	容县窑	冯先铭、李毅华、王莉英、杨静荣、李辉柄、欧志培、纪炜	
1982.9	河北	定窑	李辉柄、王莉英、杨静荣	李辉柄《略谈河北"三大名窑"》
1982.11	广西	兴安窑	冯先铭、李毅华	
1982.11	广西	永福窑	冯先铭、李毅华	
1982.11	广西	柳城窑	冯先铭、李毅华	
1982.11	广西	藤县窑	冯先铭、李毅华	

调查时间	省份	窑址	参加人	发表资料
1982. 11	广西	北流窑	冯先铭、李毅华	
1982. 11	广东	梅县窑	冯先铭、李毅华	
1982. 11	广东	惠州窑	冯先铭、李毅华	
1982. 11	广东	西村窑	冯先铭、李毅华	
1982	河南	鹤壁窑	李辉柄、王莉英、杨静荣	
1982	河南	钧窑	冯先铭、李辉柄、王莉英、杨静荣	冯先铭《有关钧窑诸问题》
1982	河南	禹县扒村窑	冯先铭、李辉柄、王莉英、杨静荣	
1982	河北	隆化窑	李知宴	李知宴《从隆化窑的调查看河北陶瓷的发展》《内丘邢窑的重大发现》
1983. 11	浙江	兰溪窑	冯先铭、李毅华	
1983. 11	浙江	浦江窑	冯先铭、李毅华	
1983. 11	浙江	永康窑	冯先铭、李毅华	
1983. 11	浙江	龙游窑	冯先铭、李毅华	
1983. 11	浙江	衢州窑	冯先铭、李毅华	
1984. 5	河南	钧窑	冯先铭、李毅华	

续表

调查时间	省份	窑址	参加人	发表资料
1984.5	河南	禹县扒村窑	冯先铭、李毅华	
1984.5	河南	郏县窑	冯先铭	
1984.5	河南	宝丰窑	冯先铭、李毅华	
1984.5	河南	鲁山窑	冯先铭、李毅华	
1984.5	河南	巩义窑	冯先铭、李毅华	
1984.5	河南	登封窑	冯先铭、李毅华	
1984.5	河南	宜阳窑	冯先铭、李毅华	
1984.5	河南	安阳窑	冯先铭、李毅华	
1984.5	河南	淇县窑	冯先铭、李毅华	
1984.5	河南	辉县窑	冯先铭、李毅华	
1984.5	河北	磁州窑	冯先铭、李毅华	
1984	河北	隆化窑	冯先铭、李毅华	
1986.4	陕西	耀州窑	冯先铭、冯小琦、王莉英、吕成龙	
1986.4	广东	封开窑	李辉柄、欧志培、纪炜	

调查时间	省份	窑址	参加人	发表资料
1986.8	广西	全州窑	李辉柄、欧志培、纪炜	
1986.8	广西	兴安窑	李辉柄、欧志培、纪炜	
1986.8	广西	桂林窑	李辉柄、欧志培、纪炜	
1986.8	广西	容县窑	李辉柄、欧志培、纪炜	
1986.8	广西	北流窑	李辉柄、欧志培、纪炜	
1987.4	安徽	淮南窑	李辉柄	李辉柄《安徽省窑址调查纪略》
1987.4	安徽	寿州窑	李辉柄	李辉柄《安徽省窑址调查纪略》
1987.4	安徽	萧县窑	李辉柄	李辉柄《安徽省窑址调查纪略》
1987.4	安徽	歙县窑	李辉柄	李辉柄《安徽省窑址调查纪略》，纪炜《安徽省歙县青瓷窑址调查小纪》
1987.4	安徽	泾县窑	李辉柄	李辉柄《安徽省窑址调查纪略》
1987.4	安徽	繁昌窑	李辉柄	李辉柄《安徽省窑址调查纪略》
1987.4	河南	巩义窑	冯先铭、冯小琦	
1987.4	河南	宝丰窑	冯先铭、冯小琦	
1987.4	福建	浦城窑	冯先铭、冯小琦、李毅华	

调查时间	省份	窑址	参加人	发表资料
1987.4	福建	武夷山窑	冯先铭、冯小琦	
1987.4	福建	松溪窑	冯先铭、冯小琦、李毅华	
1987.4	福建	光泽窑	冯先铭、冯小琦	
1987.4	福建	建阳窑	冯先铭、冯小琦	
1987.4	福建	建瓯窑	冯先铭、冯小琦、李毅华	
1987.4	福建	宁德窑	冯先铭、冯小琦	
1987.4	福建	罗源窑	冯先铭、冯小琦	
1987.4	福建	连江窑	冯先铭、冯小琦	
1987.4	福建	邵武窑	冯先铭、冯小琦、李毅华	
1987.4	福建	泰宁窑	冯先铭、冯小琦	
1987.4	福建	南平窑	冯先铭、冯小琦	
1987.4	福建	福州窑	冯先铭、冯小琦	
1987.4	福建	闽侯窑	冯先铭、冯小琦	
1987.4	福建	福清窑	冯先铭、冯小琦	

续表

调查时间	省份	窑址	参加人	发表资料
1987. 4	福建	闽清窑	冯先铭、冯小琦	
1990. 8	河南	宝丰清凉寺汝窑	李辉柄	李辉柄《汝窑遗址的发现与探讨》
1991	河北	定窑	冯先铭、冯小琦	

注：本纪要根据故宫博物院编、冯小琦主编：《故宫博物院藏中国古代窑址标本》系列丛书后附《窑址调查纪要》，按时间先后整理，并根据公开资料补充或修正，发表资料栏目内容系不完全统计。

后　记

　　我生长在河南省禹州市（原禹县），那里是钧窑的故乡。20 世纪 90 年代为帮助友人整理扒村窑标本，我时常翻阅陈万里《禹州之行》、叶喆民《河南省禹县古窑址调查记略》等资料。也从禹州钧瓷人士口中得知冯先铭、李辉柄等故宫陶瓷专家曾多次来钧窑调查窑址。2005 年端午节，我第一次去禹州芒庄窑调查前，拜访陪同过故宫专家调查的原禹县文化馆曹子元先生，他讲述了 1984 年 5 月故宫冯先铭、李毅华等人，先坐车再骑毛驴、带着干粮到县城西北 60 里开外的芒庄窑调查的情形。2009 年我在景德镇陶瓷学院准备硕士论文期间，阅读了《陈万里陶瓷考古文集》《冯先铭中国陶瓷研究论文集》，得以了解到陈万里最早在 1928 年到龙泉进行瓷窑调查，新中国成立后又组织全国范围内的窑址调查，冯先铭等紧随其后继续开展工作，为 20 世纪 80 年代编写《中国陶瓷史》奠定基础。这些窑址调查，除了发表学术成果之外，调查的背景和过程等报道的并不多，直到 2006 年《紫禁城》"古陶瓷研究中心"特刊，刊发冯小琦《最大范围的中国古窑址调查》《永不消失的窑址》和陈万里、冯先铭、叶喆民、李辉柄等人的回忆和部分调查日记，人们才逐渐认识到故宫的古窑址调查活动是一项宏大的不间断的学术调查活动。2014 年进入故宫博物院博士后科研工作站以后，我考虑以这个题目做研究报告，得到合作导师李季研究馆员的赞同。

　　2014 年 8 月到 2016 年 12 月在故宫博士后工作站期间，我的大部分时间甚至周六日都投入了故宫的院内考古工作。为了完成必须的博士后研究报告，我只能利用业务时间搜集资料。首先是已经发布的窑址调查成果、阶段性的窑址调查总结和逐步出版的《故宫博物院藏中国古代窑址标本》系列丛书。其次是故宫博物院藏档案，全面搜集了与窑址、陶瓷相关的数字化档案资料。三是陈万里日记。令人记忆深刻的是，2016 年元旦我到龙泉博物馆，除了在展厅看到陈万里的部分窑址调查日记原稿之外，还在库房里看到其他陈万里后人全部捐赠资料。有最早 1919 年《啸庐日记》、1944～1945 年《村居日记》和 20 世纪 50 年代故宫工作日记等原件，还有书信、中外文刊物、照片集和陈万里追悼会资料，一并存放在一个纸箱里，我翻阅这批资料并做了编目，认为是陈万里的遗物和家人保存的资料，其中未发表过的日记具有一定的史料价值。随后在合作导师故宫考古研究所所长李季的大力支持下，促成故宫博物院与龙泉市博物馆合作对这批资料进行整理。2016 年 12 月，孔夫子旧书网上又出现 3 本陈万里日记，我到天津检视原物，可以确认是流散的陈万里 20 世纪 50 年代故宫工作日记，但藏家要价过高，只能作罢。2018 年这批日记在杭州西泠印社拍卖会上拍出，由私人收藏。我多方沟通龙泉市博物馆，终于拿到了三本日记的扫描件，算是尽可能地搜集目前所见陈万里窑址调查资料。遗憾的是，我的博士后报告必须在 2016 年夏季完成，陈万里日记资料的录入校对需要一个过程，未能全面利用，幸好有故宫比较全面的档案资料加上已发表资料，基本支撑完成了出站报告《走向田野的中国陶瓷史研究——1950～1999 年故宫的窑址调查学术史》，本书就是以此为基础的成果。

　　二十多年的关注和认识的不断深化，我感到故宫的窑址调查活动是研究中国陶瓷史和陶瓷考古学科发展绕不开的重要资料。一是陈万里从 1928 年开始以个人兴趣对龙泉窑调查是现代中国陶瓷考古工作的开端，新中国成立后故宫的窑址调查是陈万里建议得到国家文物局和故宫博物院领导层面共同支持的学术研究工作。二是新中国成立后故宫基于举办陶瓷展览的需要，弄清馆藏明清以前陶瓷器窑口，在当时的条件下开展窑址调查是明智的选择和先进的理念。20 世纪 60 年代陈万里已经充分认识到考古发掘对于研究陶瓷窑场生产状况的重要性，由于条件所限而未能开展相应的工作。三是 20 世纪 50～80 年代，从窑址调查中走出来的故宫陶瓷学者陈万里、冯先铭、叶喆民、李辉柄、李知宴等人，成为当时中国古陶瓷研究的代表人物，他们除了参与编写中国硅酸盐学会主编的《中国陶瓷史》之外，多位个人也编著了中国陶瓷史著作。基于以上方面，总结故宫的窑址调查学术史，目的是梳理研究成果背后的学术历程，反思古陶瓷和中国陶瓷史研究的经验与得失。目前古陶瓷和中国陶瓷史研究已经被归为陶瓷考古学科的范畴。这个学科很少开展学术史反思，至少是开展得很不够。这个领域至今还存在不少长期争议不断的问题，如钧窑的年代特别是官窑钧瓷的生产年代，哥窑的年代和产地，北宋官窑是否存在和产地等问题，其中一个影响因素是故宫博物院作为中国古陶瓷研究的中心之一存在着陶瓷鉴定与陶瓷考古两种不同学术理念的差异。这也是窑址调查的局限性，判断陶瓷产品时代受明清以来鉴赏家文献记载影响的结果。总结故宫窑址调查学术历程，既是故宫博物院今后做好陶瓷考古与研究工作的需要，也是推动陶瓷考古学科学发展不能回避的问题。

从博士后出站报告到本书书名和内容修改，需做几点说明。一是作为公开出版物，尚不够学术史的分量。二是故宫的窑址调查活动最早开始于 1950 年 7 月，但陈万里在总结新中国成立后十年窑址调查成果时，用的是 1949 ~ 1959 年的界限，可能当时有庆祝国庆十周年的愿望。本书将开始时间标为 1949 是对前辈已有总结的延续，将截止时间定在故宫学者参与中国美术全集编写的 1999 年，算是刚好 50 年。三是2021 年适逢中国考古学诞生百年之际，我的博士导师秦大树教授牵头对中国陶瓷考古百年来的考古发现与研究工作进行总结，成稿被纳入王巍主编的《中国考古学百年史（1921 ~ 2021）》即将出版。作为参与人，我得以学习秦大树老师对故宫窑址调查的总结与述评，将其吸收到从出站报告到本书的修改当中。

鉴于本人水平有限，书中还存在不少问题，非常欢迎方家不吝指正，提出意见。我正在承担完成故宫博物院课题《陈万里陶瓷考古理论与实践研究》，并和龙泉市博物馆同行合作整理《陈万里日记》，希望后续的工作和成果能弥补本书的不足。

从一个古陶瓷爱好者，经过研究生班、硕士、博士、博士后阶段的不断学习，到进入故宫博物院这个中国最重要的包括陶瓷在内的文物收藏和研究机构工作，是我此前没想到的人生经历。从 2007 年读硕士到今天的 15 年时间，我从河南几经辗转到北京，我的母亲在 2015 年 9 月突然去世，我的爱人放弃稳定工作和我一起为生存而奔波，我的女儿也从小学生成长为大学生。这些是我生活工作的基础，也是我做学术研究的背景。追踪故宫的古窑址调查历程，我看到了故宫学者窑址调查背后的坎坷经历和复杂过程，也激起我对故宫前辈的崇敬。他们身上凝结的追求真理、不畏艰难、上下求索、薪火相传精神，将永远激励一代代故宫人做好各类文物的保护、研究工作。

　　感谢故宫博物院原常务副院长李季研究馆员作为博士后合作导师对我的关心培养，感谢北京师范大学历史学院杜水生教授作为故宫博士后联合培养单位的导师对我的帮助。感谢故宫博物院王旭东院长、赵国英副院长策划《故宫博士后文库》丛书，将本书忝列其中。感谢文库编委会成员和本书责任编辑智朴的辛勤工作。

徐华烽

2021 年 11 月 22 日

于紫禁城南三所